33 Magische Suppen

33 Magische Suppen

Autorin: **Marion Grillparzer**

Rezepte: **Martina Kittler**

Mitarbeit: **Cora Wetzstein**

Fotos: **Wolfgang Schardt**

Inhaltsverzeichnis

Was brodelt da im Suppentopf?

Die Alchemie der Einfachheit: Man nehme Wasser, Milch oder Wein, gebe das hinein, was die Natur uns gerade schenkt, würze das Ganze mit Zeit, bis die Zutaten zu einem Ganzen verschmelzen – zu etwas ganz Neuem, etwas unvergleichlich Köstlichem, zu einem Highlight der Kochkunst.

Suppen erfreuen den Gaumen, wärmen die Seele, füllen den Bauch, machen satt und nicht dick. Suppen sind alles andere als langweilig. Es gibt kein Lebensmittel, das nicht in die Suppe passt. Und es gibt kein Land, das nicht eine wunderbare Suppe als traditionelle Spezialität auftischt: der Franzose die Bouillabaisse, der Inder den Dal, der Spanier die Gazpacho, der Russe den Borschtsch, der Südstaatler den Gumbo, der Thailänder Tom Yam und der Deutsche die Maggi-Instant-Suppe …

Mit der Zeit werden Suppen immer besser …

… ja, wurde die Suppe immer besser (mal von der Tütensuppe abgese-hen): Sie avancierte vom einfachen salzigen Getreidebrei, den man vor 10 000 Jahren morgens mit den Händen aß, über den Erbsenbrei zur Brühe mit Brotbrocken und Gemüseeinlage hin zur »Olla podrida«, einem opulenten Eintopf mit Rind, Lamm, Schinken, Geflügel und Gemüse bis zur feinen, den Appetit lockenden, delikate Vollkommenheit suggerierenden Vorspeise im Gourmet-Tempel. Da gibt es übrigens Suppen-Ess-Regeln, an die man sich halten muss, will man nicht unangenehm auffallen: Nicht pusten! Heiße Suppe tut dem Gesicht gegenüber nicht so gut. Lieber Geduld üben. Rühren – dezent, vorsichtig. Vom kühleren Tellerrand her löffeln. Löffel nur halb füllen. Und – wenn er groß ist – seitlich zum Mund führen. Darf man den Teller anheben oder nicht, um Reste zu erobern? Ehrlich gesagt: keine Ahnung. Da streiten sich die Experten. Ich (Rechtshänder) jedenfalls hebe links unten leicht an. Ich lass mir doch keinen Tropfen Suppe entgehen. Der Löffel wandert am Ende des Mahls nicht in den Suppenteller, sondern daneben.

Suppen sind gesund

Schon allein, dass eine Suppe wärmt und kleine Schweißtröpflein auf die Stirn zaubert, ist pure Medizin. Erwärmen heißt die Durchblutung fördern. Jede Zelle, jedes Organ wird besser versorgt, bekommt mehr Sauerstoff, mehr Nährstoffe. Und die kleinen Abwehrkräfte driften über das Blut schneller dorthin, wo man sie braucht: in den Darm gegen den Durchfall, in die Nase gegen die Schnupfenviren ... Natürlich ist so eine Suppe auch ernährungsphysiologisch äußerst empfehlenswert, denn man löffelt ja das Kochwasser mit den Mineralien aus den ganzen Zutaten.

Suppen vollbringen Wunder

Suppen können noch viel mehr, außer dass sie herrlich schmecken, Zufriedenheit und Wärme im Körper einziehen lassen. Sie sind kleine Wundermittel gegen die vielen winzigen Feinde, die uns tagtäglich begegnen:

vom Schnupfenvirus, über das überflüssige Kilo auf der Hüfte und trägen Gefühlen oder traurigen Gedanken bis hin zum ausgewachsenen Kater. Kaum zu glauben, wie viel Geld die Menschen in der Apotheke ausgeben für Pillen, die sie schlank machen, Pillen, die sie glücklich machen, Pillen, die sie wach machen, Pillen, die sie schnell wieder gesund machen, die sie stark machen, die klug machen, die entschlacken, die abführen, die die Libido wecken, die … kann man sich alle sparen. Man nimmt einfach einen großen Topf, gibt die entsprechenden guten, einfachen Zutaten hinein, kocht eine Suppe und genießt. Die Natur kann alles besser! Die Chinesen sind da übrigens viel, viel klüger. In der Traditionellen Chinesischen Medizin kocht man gegen Erkältung lieber ein Süppchen aus Ingwer und Frühlingszwiebeln als Pillen zu verschreiben. Und eine Milliarde Menschen können doch nicht irren, oder?

Jede Suppe birgt Magie

Immer wenn in einem Topf eine Suppe brodelt, hab ich die Nase drin – und sehr, sehr schnell auch einen Löffel. Für mich ist eine gut gekochte Suppe ein Wunder. Wenn ich krank bin, dann hilft mir nur eines wirklich, also dem Körper und der Seele: Hühnersuppe. Das war schon so, bevor ich wissenschaftliche Studien las über L-Carnitin, Zink und Abwehrkräfte. Wenn ich im Frühjahr müde bin, dann brauche ich Kräuter. Im Salat und in der Neun-Kräuter-Suppe (Seite 24). Die Basenbrühe (Seite 48) hilft mir gelegentlich, träge machende Gifte aus meinem Körper zu verbannen. Die magische Kohlsuppe von Seite 56, zwei Tage lang gelöffelt, schmälert immer mal wieder den Bauch meines Mannes. Mit Freunden esse ich gerne den Glückstopf, mit Freundinnen das Hexensüppchen, meine Oma freut sich über die Haferschleimsuppe für ihren verkorksten Magen, mein Neffe Xaver und meine Nichte Lina mögen wie jedes Kind die Struwwel-max-Suppe (Seite 140) oder die Grießnockerlsuppe (Seite 124) – Mensch sind die beiden dann ausgeglichen.

Jede Suppe in diesem Buch birgt ein bisschen Magie (nee, nee, nicht mit noch 'nem »g«, dafür kocht Martina viel zu gut!). Probieren Sie es aus! Aber passen Sie auf: Bitte nicht den Gaumen verbrennen. Da gibt's übrigens ein Gerichtsurteil. Eine Frau, die sich an einer Suppe die Zunge verbrannte, verklagte einen Gastwirt auf Schmerzensgeld, weil der Wirt sie nicht auf die Verbrühungsgefahr hingewiesen habe. Doch das Amtsgericht Hagen meinte: Wer eine noch dampfende Suppe serviert bekommt, müsse erkennen, dass sie heiß ist (Amtsgericht Hagen, AZ: 14 C 149/96).

Also: Verbrennen Sie sich nicht! Aber die Suppe wird ja sowieso nicht so heiß gegessen, wie sie gekocht wird.

Guten Appetit!

Die Consommé

vereint die Kraft
der Natur in sich

Warum heißt eine Kraftbrühe eigentlich Kraftbrühe? Brühe stammt von dem mittelhochdeutschen brüeje, »heiße Flüssigkeit«. Und Kraft? Oma sagt, weil sie kräftigt. Die Chinesen sagen, sie stärkt das Qi: unsere Lebensenergie. Kein Wunder: Eine Consommé, eine klare Brühe oder Bouillon, enthält ganz konzentriert pure Natur. All das, was man in den Topf gegeben hat und mit viel Liebe (= Zeit) aus den Zutaten extrahiert – sei es Gemüse, sei es Fleisch, Knochen, Geflügel oder Fisch. Eine Brühe zeigt: Kochkunst = Medizin = Magie. Eben Alchemie: Durch Osmose diffundieren die Aromen, Mineralien und andere Vitalstoffe von Gemüse, Fleisch oder Fisch in das Kochwasser. Machen aus Wasser Gold für die Gesundheit: Kranken Menschen schenkt die Brühe neue Energie, weckt den inneren Doktor. Eine Brühe enthält so viele gesunde Stoffe, dass man mit ihr viele Tage, ja Wochen fasten kann. Und Sie hält schlank. Sie weckt den Appetit, um ihn gleich wieder zu zügeln. Mehr lesen Sie auf Seite 13.

Die Basis aller guten Suppen versorgt uns mit Lebensenergie.

Basic-Gemüsebrühe –
Consommé

ZUTATEN FÜR CA. 2 LITER
250 g Möhren
1/2 Knollensellerie
1 Kohlrabi
2 Stangen Staudensellerie
1 zarte Stange Lauch
200 g Champignons
3 Zwiebeln
4 Knoblauchzehen
1 EL Öl
10 schwarze Pfefferkörner
2 Lorbeerblätter
3 Stängel Petersilie
2 Zweige Thymian
2 Gewürznelken
1–2 TL Salz

ZUBEREITUNG: 30 MIN.
GARZEIT: 90 MIN.
PRO LITER CA. 45 KCAL
0 g EW, 5 g F, 0 g KH

1 Möhren, Sellerie und Kohlrabi putzen und schälen. Stauden-sellerie und Lauch putzen und gründlich abbrausen. Alles in Würfel schneiden. Champignons putzen, abreiben und grob teilen. Zwie-beln und Knoblauch schälen. Zwiebeln würfeln.

2 Öl erhitzen. Gemüse, Zwiebeln und Pilze darin kurz andünsten. Knoblauch, Pfefferkörner, Lorbeerblätter, Petersilie, Thymian und Gewürznelken dazugeben. Mit 2 1/2 l Wasser bedecken, aufkochen und bei kleiner Hitze 1 1/2 Std. sanft kochen lassen, dabei immer wieder abschäumen. Die Suppe 10 Min. vor dem Ende der Garzeit salzen, dann durch ein Sieb gießen und das Gemüse wegwerfen. Die Brühe abkühlen lassen und bei Bedarf verwenden.

VARIANTE – Fischbrühe
Für ca. 2 l Brühe 1 kg Fischkarkassen (Fischköpfe ohne Kiemen, Filetabschnitte, Gräten) gründlich abbrausen und in einen großen Topf geben. 2 Zwiebeln und 2 Knoblauchzehen schälen. 2 Möhren, 3 Stangen Staudensellerie und 1 Stange Lauch putzen, abbrausen, eventuell. schälen. Alles klein schneiden und in den Topf geben. 1 l trockenen Weißwein und 1 1/2 l Wasser dazugießen. Alles aufkochen lassen, 1 Kräutersträußchen (z. B. Petersilie, Thymian, Lorbeerblatt) zugeben. Die Brühe bei kleiner Hitze 40 Min. ziehen lassen. Den Schaum hin und wieder abschöpfen. Die Brühe durch ein Sieb gießen, Gemüse und Karkassen wegwerfen.

VARIANTE – Hühnersuppe (Seite 28)

VARIANTE – Rinderbrühe (Seite 124)

VORRATS-TIPP
Die Brühe hält sich im Kühlschrank 4–5 Tage. Wer sie länger aufheben möchte, füllt sie in Portionsbehälter und friert sie ein.

Es gibt viele Gründe für eine Brühe

Egal, welche der Brühen Sie zubereiten, aus Fisch, aus Gemüse, aus Geflügel oder aus Rindfleisch, Sie ernten immer Glück und Gesundheit.

1. Wärme & Gesundheit: Eine heiße Brühe ist ideale Krankenkost, weil sie leicht verdaulich ist und Körper und Seele wärmt. Das weckt den inneren Doktor. Wärme lässt die Durchblutung ansteigen und die Abwehrkräfte dort hinflitzen, wo man sie braucht. In die Nase, in den Bauch …

2. Mineralstoffe … Was sonst mit dem Kochwasser im Abfluss landet, kommt unserer Gesundheit zugute: Magnesium für die Nerven, Eisen für das Blut, Kalzium für die Knochen, Kalium für das Herz.

3. … in Fitness-Qualität: Gesunde Mineralien dringen schnell ins Blut, weil sie in der Suppe konzentrierter sind. Besser als jedes Sportgetränk!

4. Mehr Appetit: Ein Süppchen vor dem Menü lockt mit seinen Aromen Verdauungssäfte und -enzyme. Es bereitet den Körper auf den nächsten Gang vor.

5. Weniger Kalorien: Eine Brühe vor dem Essen lockt das Ich-bin-bald-satt-Hormon Cholezystokinin. Es sorgt dafür, dass wir vom nächsten Gang weniger essen, weil wir eher satt sind.

6. Kaum Hunger: Brühen eignen sich hervorragend zum Fasten, weil sie den Körper mit Mineralien und Eiweiß versorgen, weil sie die Seele wärmen, weil sie den Hunger dämpfen – und selbst kaum Kalorien haben.

7. Keinen Kater: Brühe ist die gesündeste Antwort auf morgendlichen Katzenjammer. Sie gibt dem Körper die verlorene Flüssigkeit samt Mineralien zurück. Mehr dazu: Seite 129.

8. L-Carnitin: Ein Teller Rinderbrühe liefert viel L-Carnitin. Der Eiweißstoff hilft uns Fett abzubauen, Muskeln aufzubauen und er regeneriert das Immunsystem. Deswegen kocht Oma Rinderbrühe, wenn ein Enkel Kraft braucht.

9. Kochkunst: Wer Vollkommenheit auf dem Teller haben will, verzichtet auf Brühwürfel und macht sich die Basis für Suppe, Sauce und Eintopf lieber selbst.

10. Verwandlungskünstlerin: So eine Brühe lässt sich mit vielen wunderbaren Dingen in eine feine Mahlzeit verwandeln. Mit Ei, Nudeln, Brot, Gemüsestreifen, Huhn, Fisch, Nockerln, Pfannkuchen, mit …

Wichtig: Geben Sie die Zutaten ins kalte Wasser und salzen Sie erst am Ende der Garzeit, das lockt die Extrakte und Aromen in die Brühe. Nicht sprudelnd kochen lassen, sondern am Siedepunkt garen. So fliegt das Aroma nicht davon, und Vitamine schont es auch.

Weil's schee lustig macht:

Kichererbsensuppe

Kichererbsensuppen gibt es viele – aus Andalusien, Galicien, Kreta oder von Oma. Ich wollte aber gerne ein Rezept von einer bekannten Komikerin, von Cordula Stratmann. Nur, sie schrieb, sie habe leider Schwierigkeiten mit Kichererbsen-Suppen-Kochen: »Liebe Marion, ich habe noch nie eine Kichererbsensuppe gemacht. Warum? Weil ich, kaum hab ich den Topf auf'm Herd, albern werde. Bin nur am Kichern. Ich krieg diese Kichererbsensuppe einfach nicht fertig. Es ist gar nicht so, dass ich Kichererbsen besonders lustig finde, die sehen ja auch ganz harmlos aus. Keine lustige Brille, keine Zahnlücke, Kichererbsen halt. Aber die müssen irgendetwas absondern, was mich so albern macht. Ich pruste in den Topf, mir tränen die Augen und so was kann man natürlich keinem mehr anbieten. Schmeiß also jedes Mal meine angefangene Kichererbsensuppe weg. Frag doch mal unseren Kardinal Meisner. Der hat absolut gar keinen Humor. Den machen auch Kichererbsen nicht fertig. Und solang der an einem Kichererbsenrezept sitzt, kann der nix anderes falsch machen. Mehr kann ich Dir da jetzt nicht helfen. Mir geht dieses Dauergrinsen auf meinem Gesicht jetzt auch schon wieder voll auf den Geist. Bloß, weil ich hier über Kichererbsen schreibe. Ich hab das nicht im Griff. Frag mich bitte nie wieder nach diesem Gemüse. Deine Cordula.«
Nun, dann müssen wir unsere Suppe halt woanders herzaubern …

Jeder Teller Kichererbsensuppe verlängert das Leben um einen Tag, genauso wie einmal herzlich lachen.

Orientalische Kichererbsensuppe

ZUTATEN FÜR 4 PERSONEN

250 g Kichererbsen
1 Zwiebel
2 Knoblauchzehen
6 EL Olivenöl
1 Döschen Safranpulver (0,1 g)
1 1/2 l Gemüsebrühe
2 Möhren
1 Stange Staudensellerie
je 1 TL gemahlener
Kreuzkümmel und Koriander
Salz, schwarzer Pfeffer
1–2 TL Harissa (Chilipaste)
1–2 EL Zitronensaft
1/2 Bund Koriandergrün
(oder Petersilie)
4 EL Frischkäse

ZUBEREITUNG: 50 MIN.
EINWEICHZEIT: 12 STD.
GARZEIT: 90 MIN.
PRO PORTION CA. 405 KCAL
15 g EW, 23 g F, 34 g KH

1 Am Vortag die Kichererbsen in 3/4 l kaltem Wasser über Nacht einweichen. Am nächsten Tag die Kichererbsen abgießen und abtropfen lassen. Zwiebel und Knoblauch schälen und fein würfeln. 4 EL Öl in einem großen Topf erhitzen, beides darin glasig braten. Safran und Kichererbsen unterrühren, Brühe dazugießen und langsam aufkochen lassen. Den Schaum abschöpfen und die Kichererbsen bei schwacher Hitze 1 Std. 15 Min. kochen lassen, bis sie weich sind.

2 In der Zwischenzeit Möhren putzen, schälen und in kleine Würfel schneiden. Staudensellerie abbrausen, putzen und ebenfalls würfeln. Übriges Öl erhitzen, Möhren und Sellerie darin unter gelegentlichem Rühren 3 Min. andünsten. Vom Herd nehmen.

3 Die Hälfte vom Gemüse zu den Kichererbsen geben und 15 Min. sanft mitgaren. Die Suppe im Mixer oder mit dem Pürierstab fein pürieren, nach Belieben durch ein Sieb passieren. Erneut aufkochen lassen, mit Kreuzkümmel, Koriander, Salz, Pfeffer, Harissa und Zitronensaft abschmecken.

4 Das Koriandergrün abbrausen, trocken schütteln und die Blätter hacken. Mit dem Frischkäse vermischen. Die Suppe anrichten und mit den übrigen Gemüsewürfeln bestreuen. Je 1 EL Frischkäse daraufgeben.

SPEED-TIPP

Wenn Sie es sehr eilig haben, können Sie Kichererbsen aus der Dose verwenden: 3 Dosen (à 240 g Abtropfgewicht) abgießen, mit Zwiebel und Knoblauch andünsten und 15 Min. in der Brühe garen, pürieren und wie beschrieben weiterverarbeiten.

Warum Kichererbsen kichern lassen

Die Kichererbse hat einen kleinen Knubbel, der wie eine Nase aussieht. Und unter dem verläuft eine Kerbe. Die Kichererbse guckt uns also mit einem breiten Grinsen aus dem Suppentopf an. Aber viel wahrscheinlicher leitet sich das »Kicher« vor der »Erbse« vom lateinischen Wort »cicer« ab. Vermutlich als »kiker« ausgesprochen, entwickelte sich in Althochdeutsch daraus »kihhira« und viel später das Wort »Kichererbse«.

Die kleinen Hülsenfrüchtlein muss man über Nacht einweichen. Und das Wasser schüttet man weg, nimmt es nicht zum Kochen – das wäre gar nicht lustig. Denn rohe Kichererbsen enthalten Giftstoffe. Ansonsten macht der Inhalt schon sehr fröhlich. Die Kombination aus 20 Prozent Eiweiß, 40 Prozent Kohlenhydrate erzeugt im Gehirn chemisches Glück. Und der Darm freut sich über die vielen Ballaststoffe (12 Prozent), was mitunter auch (nervöses) Gekicher auslöst. Außer Sie würzen die Suppe mit widrige Winde bremsendem Kreuzkümmel und Safran. Die B-Vitamine der Kicher-erbse und die beiden Mineralien Magnesium und Zink stärken die Nerven, ent-stressen, heben die Stimmung – und anderes mehr. Die Kichererbse galt schon bei den Römern als Aphrodisiakum und wurde der Göttin Venus geopfert. Guter Sex überflutet wiederum den Körper mit den Nervenbotenstoffen Serotonin und Dopamin, die euphorisch machen, zwar nicht kichern, aber selig lächeln lassen. Sie sehen: Die Kichererbse ist gut. Sie kommt in die Suppe. Und an den Topf eine fröhliche Runde Freunde.

Koriander, Kreuzkümmel & Safran

Kichern Sie ruhig am Kichererbsensuppen-Teller. Gegen Lachfältchen hilft frisches Kraut, zum Beispiel Koriandergrün oder Petersilie. Vitamin C und sekundäre Pflan-zenstoffe fangen freie Radikale ab, halten die Haut jung. Der zweite im Bunde ist Kreuzkümmel (Kumin), er wirkt krampflösend und entspannend im Bauchbereich, regt den Appetit an, reinigt das Blut und beruhigt. Auch Safran verschenkt nicht nur seine Farbe, sondern hilft verdauen, gegen Magenschmerzen, bei Sodbrennen, Blähungen und Verstopfung.

Bitte mit Harissa! Die nahöstliche Würzpaste kann aus bis zu 20 frischen oder getrockneten Gewürzen bestehen, eingekochten Chilischoten, Cayennepfeffer, Knoblauch, Kreuzkümmel, Koriander, Olivenöl, auch mal Eisenkraut- und Pfeffer-minzblätter … Die Paste ist zum Weinen scharf.

FOREVER YOUNG:

MIT DER PIN-PIN-SUPPE

Nirgendwo auf der Erde gibt es so viele Hundertjährige wie auf der japanischen Pazifik-Insel Okinawa. Man nennt sie in der Landessprache »Pin pin«, weil sie so gesund und fit sind, dass sie wie Bälle springen können. Die magische Zauberkraft der jungen Alten haben wir natürlich in die Forever-Young-Suppe gepackt: Algen, Ingwer, Tofu, Chili, Kurkuma …, die Sie selbstverständlich mit Freunden genießen. Weil die Pflege der Freundschaft auch ein lebensverlängernder Okinawa-Trick ist.
Die Alten Okinawas halten sich übrigens auch an eine der wichtigsten Regeln für ein langes Leben: »Hara hachi bu« – fülle den Magen nur zu 80 Prozent. So sparen sie Tag für Tag rund 400 lebensverlängernde Kalorien ein. Klar: Nichts füllt den Magen besser als Suppe. Damit haben Sie auch mit vollem Bauch die Hara-hachi-bu-Regel eingehalten. Daraus ziehen wir natürlich eine Zauberformel:

Täglich ein Teller Forever-Young-Suppe verlängert das Leben um zehn Jahre.

Täglich ein Teller Suppe
verlängert das Leben um zehn Jahre.

PIN-PIN-SUPPE

ZUTATEN FÜR 4 PERSONEN
200 g Tofu
2 Frühlingszwiebeln
2 rote Chilischoten
1 Stück frischer Ingwer (ca. 2 cm)
2–3 Süßkartoffeln (ca. 300 g)
200 g Mangold
10 g getrocknete Wakame
(Braunalgen)
20 g Dashi-Pulver (Instantgranulat
aus Trockenfisch und Algen;
Asienladen)
1 Bund Koriandergrün
2 TL Kurkumapulver

ZUBEREITUNG: 30 MIN.
PRO PORTION CA. 130 KCAL
8 g EW, 3 g F, 18 g KH

1 Den Tofu abtropfen lassen und in 1 cm große Würfel schneiden. Frühlingszwiebeln abbrausen, putzen, das Weiße und Hellgrüne in feine Ringe schneiden. Chilischoten aufschlitzen, entkernen, abbrausen und fein würfeln. Ingwer schälen und ebenfalls fein würfeln. Süßkartoffeln schälen und in 1 cm große Würfel schneiden. Mangold abbrausen, putzen, die Stiele abschneiden und quer in dünne Streifen schneiden. Die Mangoldblätter grob hacken. Wakame in kaltem Wasser 5 Min. einweichen, leicht ausdrücken und eventuell in feine Streifen schneiden.

2 In einem Topf 1 1/2 l Wasser aufkochen, Dashi-Pulver darin nach Packungsangabe kochen lassen. Tofu, Frühlingszwiebeln, Chilis, Ingwer, Süßkartoffeln und Mangold dazugeben, aufkochen lassen und zugedeckt bei kleiner Hitze 5 Min. garen. Wakame zufügen und 5 Min. ziehen lassen.

3 Das Koriandergrün abbrausen, trocken schütteln und die Blätter hacken. Die Suppe mit Kurkumapulver würzen und mit Koriandergrün bestreut servieren.

TIPP
Dazu servieren Sie das Getränk der Hundertjährigen: Charantia-Tee (Rezept Seite 21).

Was hinter dem Pin-Pin-Zauber steckt

Auf 100 000 Einwohner kommen auf Okinawa 45 Menschen, die 100 oder mehr Lenze zählen und kerngesund sind. In Deutschland sind es etwa zehn. Was lässt die Bewohner Okinawas so lange fit und gesund leben?

Meeresalgen: Sie schützen vor Krebs mit Isoflavonen, senken Cholesterin und Blutzucker mit ihren Ballaststoffen, stärken Herz, Gehirn und Nerven mit Omega-3-Fettsäuren und Antioxidanzien.

Frische und Vielfalt: Sie essen kein Fast Food, kein Brot, keine Fertigsuppen. Dafür täglich Fisch und Meeresfrüchte, Fleisch, Süßkartoffeln, Reis, Tofu und viel Gemüse.

Die Bittergurke »Goya«: Sie regt den Stoffwechsel an, reguliert den Insulinhaushalt, hält satt und schlank. Die Gurke gibt es hierzulande leider nicht. Aber: Charantia-Tee. Siehe unten.

Ein Drittel weniger Kalorien: Studien zeigen: Füttert man Affen auf Dauer nur 60 bis 75 Prozent der üblichen Ration, erhöht sich ihre Lebenserwartung um 30 bis 50 Prozent. Der Grund: Die verminderte Kalorienzufuhr senkt die Stoffwechselrate und damit auch die Bildung freier Radikale, die die Körperzellen zerstören. Die Kalorienrestriktion mindert den Wert des Entzündungsparameters CRP (Capsel-reaktives Protein), das schützt vor Herzinfarkt, Demenz, Krebs.

Bewegen und Reden: Zum Geheimnis der jungen Alten gehören auch ein hohes Maß an Bewegung und das Pflegen sozialer Kontakte bis ins hohe Alter.

Ingwer, Chili, Kurkumapulver: Ingwer und Chili regen den Fettstoffwechsel an (mehr Seite 89). Kurkuma fördert die Funktion von Leber und Galle, entgiftet und entschlackt den Körper. Kurkuma verhindert geistigen Verfall im Alter, beugt Demenz vor.

Jungbrunnen Nr. 2: Charantia-Tee

Der Tee aus der Bittergurke »Goya« harmonisiert den Stoffwechsel, senkt den Blutzucker, reguliert die Blutfette, reinigt das Blut, stärkt das Immunsystem und fördert die Durchblutung. Empfohlene Menge: 2 bis 4 Tassen pro Tag (gibt's im Reformhaus oder in der Apotheke).

Gegen Frühjahrsmüdigkeit die

Neun-Kräuter-Suppe

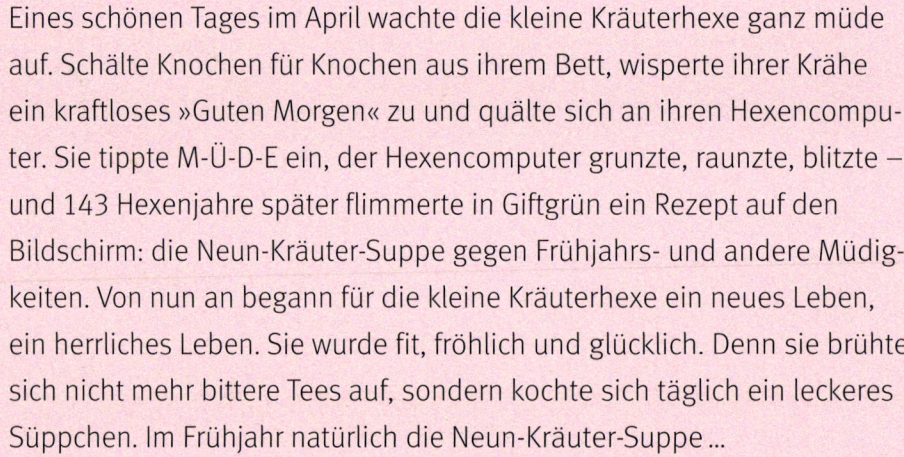

Eines schönen Tages im April wachte die kleine Kräuterhexe ganz müde auf. Schälte Knochen für Knochen aus ihrem Bett, wisperte ihrer Krähe ein kraftloses »Guten Morgen« zu und quälte sich an ihren Hexencomputer. Sie tippte M-Ü-D-E ein, der Hexencomputer grunzte, raunzte, blitzte – und 143 Hexenjahre später flimmerte in Giftgrün ein Rezept auf den Bildschirm: die Neun-Kräuter-Suppe gegen Frühjahrs- und andere Müdigkeiten. Von nun an begann für die kleine Kräuterhexe ein neues Leben, ein herrliches Leben. Sie wurde fit, fröhlich und glücklich. Denn sie brühte sich nicht mehr bittere Tees auf, sondern kochte sich täglich ein leckeres Süppchen. Im Frühjahr natürlich die Neun-Kräuter-Suppe ...

Die Neun-Kräuter-Suppe vertreibt die Müdigkeit.

Neun-Kräuter-Suppe

gegen Frühjahrsmüdigkeit

ZUTATEN FÜR 4 PERSONEN

1 Scheibe Roggen-Sauerteigbrot

60 g Butter

Salz

250 g junge Maikräuter

(z. B. Gundermann, Schafgarbe,

Brunnenkresse, Gartenkresse,

Brennnesseln, Sauerampfer,

Kerbel, Bärlauch)

1 Handvoll Gänseblümchenblüten

1 mittelgroße Zwiebel

1 kleine Knoblauchzehe

2 EL feines Weizen- oder

Dinkelvollkornmehl

3/4 l Gemüse- oder Hühnerfond

(selbst gemacht oder aus dem Glas)

250 g Sahne

schwarzer Pfeffer

frisch geriebene Muskatnuss

ZUBEREITUNG: 35 MIN.

PRO PORTION CA. 360 KCAL

5 g EW, 33 g F, 9 g KH

1 Das Brot entrinden und in kleine Würfel schneiden. 2 TL Butter in einer Pfanne erhitzen, die Brotwürfel darin bei mittlerer Hitze goldbraun anbraten. Herausnehmen, auf Küchenpapier abtropfen lassen und leicht salzen.

2 Inzwischen die Kräuter abbrausen, trocken schütteln und die Blätter grob hacken. Ein Viertel davon zum Garnieren beiseitelegen. Die Gänseblümchen abbrausen und abtropfen lassen. Zwiebel und Knoblauch schälen und fein hacken.

3 In einem Topf die übrige Butter zerlassen, Zwiebel und Knoblauch darin glasig dünsten. Mit dem Mehl bestäuben und unter Rühren kurz anschwitzen. Die Hälfte des Fonds und die Sahne dazugießen, unter Rühren aufkochen und bei mittlerer Hitze 5 Min. kochen lassen. Mit Salz, Pfeffer und Muskat würzen.

4 Inzwischen die Kräuter mit dem übrigen Fond im Mixer pürieren, dann langsam in den heißen Fond gießen und alles kurz aufwallen, aber nicht mehr kochen lassen. Die Suppe noch mal abschmecken. Die restlichen Kräuter, die Gänseblümchen und die Croûtons über die Suppe streuen.

TIPP

Gourmet-Hexen geben noch 150 g feine Flusskrebsschwänze ins Süppchen. Statt mit neun Kräutern, können Sie die Kräuter auch solo verwenden, z. B. für eine Brunnen- oder Gartenkressesuppe, Kerbelsuppe, Sauerampfersuppe, Bärlauchsuppe. Oder Sie probieren es mit Basilikum, Petersilie, Dill, Kerbel – auch diese Kräuter machen munter und entgiften.

Gegen alles ist ein Kraut gewachsen

Eines schönen Tages sah die kleine Hexe in ihrer Kristallkugel, dass der berühmte Arzt und Philosoph Christoph Wilhelm Hufeland sehr, sehr müde war. Und sie spielte ihm das Rezept zu. Der wiederum verordnete es seinen Patienten und Freunden – wie dem Naturforscher Alexander von Humboldt und dem Geheimrat Wolfgang von Goethe. Humboldt schätzte die Wirkung der gesunden Neun-Kräuter-Suppe so sehr, dass er sie jedes Frühjahr über mehrere Wochen hinweg auf seinem Speiseplan stehen hatte.

Das Geheimnis hinter den neun Kräutern

Gundermanns Saponine (seifenartige Stoffe) wirken schleimlösend bei Erkältung und regen die Entgiftung des Körpers über die Haut an. **Schafgarbe** spendet ätherische Öle und Gerbstoffe, die blutstillend, blutreinigend, krampflösend, entzündungshemmend, magenberuhigend und gefäßtonisierend wirken. **Brunnen- und Gartenkresse:** Die bitterstoff-, gerbstoff-, vitamin- und mineralstoffreichen Pflanzen wirken vitalisierend und blutreinigend, regen Verdauung und Nieren an. Kresse gilt als Aphrodisiakum und zeigt bei Diabetes eine positive Wirkung. **Brennnesseln:** Ihre Caffeoyl-Chinasäuren und ätherischen Öle lindern Rheuma, Gicht, Leber- und Gallenerkrankungen, schwemmen Ödeme aus, entgiften den Körper und stärken die Abwehr. **Sauerampfer:** Er hat verdauungsfördernde, entschlackende Eigenschaften. Sein hoher Eisengehalt unterstützt die Blutbildung, sein Vitamin C die Abwehrkräfte. **Kerbel:** Reich an ätherischen Ölen, Vitamin A und C, an Magnesium und Eisen stärkt Kerbel den Magen, regt Verdauung und Stoffwechsel an, reinigt das Blut, lindert Erkältungen und Kopfschmerzen. Im Frühling nutzt die Volksmedizin seit Jahrhunderten seine entwässernde Wirkung, um Schlacken und Gifte aus dem Körper herauszuspülen. **Bärlauch:** Bären fressen nach dem langen Winterschlaf Bärlauch, um wieder zu Kräften zu kommen. Schon die Römer und einige Jahrhunderte später der Kräuterpfarrer Johann Künzle beschrieben das Heilkraut als magen-, darm- und blutreinigendes Mittel. **Gänseblümchenblüten:** In den kleinen weißen Blümchen stecken jede Menge Saponine, ätherische Öle sowie Bitter- und Gerbstoffe, die Hauterkrankungen lindern, das Blut reinigen, Schmerzen und Krämpfe vertreiben und den Appetit anregen. Als Tee oder Suppenzutat eignen sie sich dank ihrer harntreibenden Wirkung zum Entgiften des Körpers.

Hühnersuppe

vertreibt die Erkältung

»Wenn Schleim auf deinen Bronchien liegt/Wenn Grippe dich schon unterkriegt/Wenn grüner Schnotten zäh verweilt:/Heiße Hühnersuppe heilt ...Köstlich wird die Suppe munden/Dich vom Kranken zum Gesunden/wandeln und dir Kräfte geben/Energie und Schwung zum Leben.« Das, was Oma schon lange weiß, beschreibt der zeitgenössische deutsche Satiriker und Autor Wiglaf Droste in seinem Gedicht »Das jüdische Antibiotikum – heiße Hühnersuppe heilt«. Er bringt in lyrische Form, was Mediziner seit Jahrhunderten erforschen. Schon im 12. Jahrhundert empfahl der jüdische Arzt und Gelehrte Moses Maimonides Hühnersuppe, um Aussatz zu heilen und Kranke auf dem Weg der Besserung zu stärken. Rund 800 Jahre später zeigen Experimente im Reagenzglas warum: Dringen Erkältungsviren in den Körper ein, schickt der Körper Abwehrzellen (neutrophile Granulozyten) zu Hals und Nase, damit sie den Krankheitserregern den Garaus machen. Die Abwehrschlacht geht jedoch nicht spurlos am Ort des Geschehens vorbei. Die betroffenen Schleimhäute entzünden sich. Sie schwellen an, schmerzen, triefen ... Die Ingredienzen der kraftspendenden Suppe dämpfen die Entzündungsreaktion, lindern Erkältungsbeschwerden.
Nein, mit einer Fertighühnersuppe funktioniert das nicht!

Ein Teller liebevoll gekochte Hühnersuppe hilft wieder auf die Beine.

Hühnersuppe mit Nudeln

ZUTATEN FÜR 4 PERSONEN
1 Suppenhuhn (oder
1 Hähnchen; ca. 1,2 kg)
2 Lorbeerblätter
1 TL schwarze Pfefferkörner
1 gestr. EL Salz
3 große Möhren (ca. 400 g)
150 g Staudensellerie
2 dünne Stangen Lauch
1 Petersilienwurzel
2 Zwiebeln
125 g Fadennudeln
schwarzer Pfeffer

ZUBEREITUNG: 30 MIN.
GARZEIT: 95 MIN.
PRO PORTION CA. 360 KCAL
53 g EW, 3 g F, 31 g KH

1 Das Huhn außen und innen unter kaltem Wasser abbrausen und in einen Suppentopf geben. So viel Wasser (ca. 1 1/2 l) dazugeben, dass es bedeckt ist und langsam aufkochen lassen. Die Lorbeerblätter und Pfefferkörner hinzufügen. Sobald die Brühe zu kochen beginnt, die Hitze reduzieren und halb zugedeckt bei kleiner Hitze 1 Std. 30 Min. leicht kochen lassen. Zwischendurch den Schaum mit einer Schaumkelle abschöpfen. Die Suppe 10 Min. vor dem Ende der Garzeit salzen.

2 Inzwischen das Gemüse abbrausen und putzen oder schälen. Möhren längs halbieren und schräg in 1/2 cm dicke Scheiben schneiden. Staudensellerie und Lauch schräg in 3–4 cm lange Stücke schneiden. Petersilienwurzel in Scheiben schneiden. Die Zwiebeln schälen und vierteln. Das Gemüse nach 1 Std. zum Huhn geben und bis zum Schluss mitgaren.

3 Das Huhn aus der Brühe heben, auf eine Platte geben und etwas abkühlen lassen. Die Lorbeerblätter entfernen. Die Nudeln in die Brühe geben und in 5 Min. garen.

4 Inzwischen das Huhn häuten, das Fleisch mit einem scharfen Messer vom Knochen lösen und in mundgerechte Stücke schneiden. Fleischstücke zur Suppe geben, mit Salz und Pfeffer abschmecken. Sofort servieren.

TIPP – Hühnerbrühe auf Vorrat
Die Brühe durch ein mit einem Mulltuch ausgelegtes Sieb in einen zweiten Topf gießen. Brühe entfetten, am besten mit einem Fettkännchen, aufkochen und in Gläser mit Twist-off-Deckel füllen. Sofort verschließen und abkühlen lassen. Hühnerbrühe ist eine wunderbare Grundlage für viele Gerichte und Saucen.

Was Erkältungen den Garaus macht

Extrakte aus Fleisch und Gemüse helfen dem Körper im Kampf gegen Erkältungs-viren. Noch effektiver wirkt die Suppe, wenn sie liebevoll gekocht und mit viel Fürsorge und Mitgefühl serviert wird. So treibt der TLC-Effekt (= tenderness, love, care) die Genesung voran.

Huhn: Es liefert viel L-Carnitin, ein Protein, das die Bildung von Granulozyten und T-Lymphozyten erhöht. Granulozyten sind Abwehrzellen, die körperfremde Eindring-linge umschließen und zerstören. T-Lymphozyten merken sich den Feind und elimi-nieren ihn beim nächsten Mal, bevor er uns krank macht.
Das Huhn versorgt das Immunsystem mit Zink. Es verringert deutlich Dauer und Schwere grippaler Infekte. Studien zeigen: Hühnersuppe wirkt nicht nur bei Erkältun-gen Wunder. Je länger das Süppchen vor sich hin schmurgelt, umso mehr Kalzium und Gelatine lösen sich aus den Hühnerknochen. Kalzium lindert die Beschwerden von Allergikern und Osteoporosepatienten, und Gelatine verschafft Erleichterung bei rheumatischer Arthritis.
Sellerie und Lauch enthalten viel Vitamin C. Es fördert die Bildung von Antikörpern und arbeitet mit beim Kampf gegen Viren und Bakterien. Fresszellen tragen einen Vitamin-C-Rucksack mit sich, der ihnen hilft, die Schnupfenerreger zu vertilgen. Das Suppengemüse hat noch mehr zu bieten: Eine Extraportion Vitamin B_6 sorgt für eine reibungslose Abwehrkörperproduktion.
Zwiebeln: Ihre schwefelhaltigen Verbindungen wie Senföle (Glukosinolate) und Alli-cin rauben Viren und Bakterien in den Schleimhäuten die Existenzgrundlage. Dort bekämpfen sie die Erreger, lösen den Schleim und lassen Entzündungen abklingen.
Wärme: Genießt man eine heiße Hühnersuppe, dringt der Dampf in die Atemwege, erhöht die Temperatur und hemmt die Vermehrung der Viren. Zugleich befeuchtet er die Schleimhäute, löst den Schleim und lässt ihn abfließen. In Studien zeigte Hühnerbrühe bessere Effekte als heißes Wasser. Vermutlich liegt das an den aroma-tischen Komponenten, die die Nasenschleimhaut via Geschmackssinn stimulieren.

Die Hühnersuppe in der TCM

Die Traditionelle Chinesische Medizin (TCM) empfiehlt Frauen Hühnersuppe, um nach einer Entbindung wieder zu Kräften zu kommen, und auch Kranken. Besondere Heilkraft schreibt die TCM den Hühnerknochen zu. Inhaltsstoffe des Knochenmarks, die während der Kochzeit gelöst werden, sollen schwache Menschen stärken.

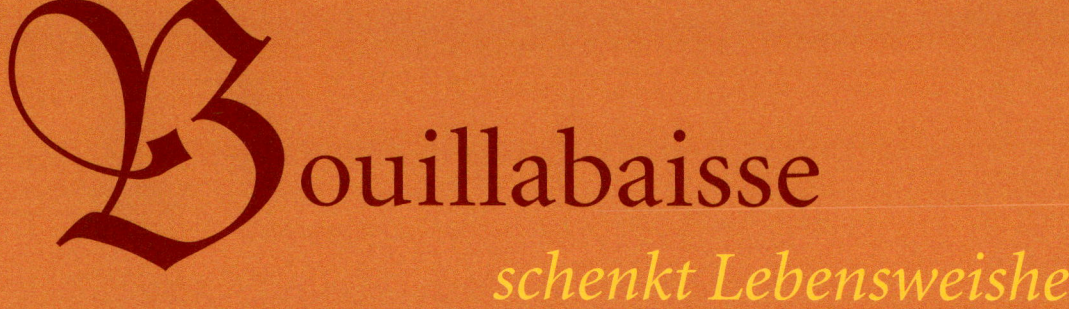

Bouillabaisse

schenkt Lebensweisheit

Es war einmal ein armer Fischer in Marseille, der lag im Schatten seines kleinen Bootes und träumte. Da kam ein reicher Handelsmann vorbei und fragte ihn, was er da tue. »Carpe diem, ich pflücke den Tag,« gähnte der Fischer. »Und warum fährst Du nicht mit Deinem Boot hinaus, angelst, verdienst Geld, sodass Du Dir ein noch ein viel größeres Boot leisten kannst, noch mehr Fische angeln kannst, noch mehr Geld verdienst …« »Was mache ich dann mit dem vielen Geld?« fragte der Fischer. Der Handelsmann erwiderte: »Dann kannst Du andere für dich arbeiten lassen – und dich auf die faule Haut legen.« »Sehen Sie, Herr«, sagte der Fischer, »warum anstrengen? Das tue ich doch jetzt schon.«

Ein kluger Mann. Oder? Und glücklich. Obwohl er nicht viel zu essen hatte. Wenn er zur Abwechslung keine Grütze essen wollte, kochte er unverkäufliche Fischreste in einem Topf mit Meerwasser. Dazu aß er geröstetes Brot, die Knoblauchmayonnaise Aioli oder die scharfe Würzpaste Rouille. So tankten die armen Fischer mit fettem Seefisch, Olivenöl, Eiern, Knoblauch, Zwiebeln und der mineralstoffreichen Brühe ganz unbewusst Brainfood – also die Stoffe, die dem Gehirn mehr Leistungsfähigkeit, Konzentration und auch Glück schenken.

Dass man Lebensweisheit mit der Bouillabaisse löffeln kann, erkannten schließlich auch die Köche der Reichen. Sie verfeinerten die Bouillabaisse mit Wein, Gemüse und Fischfond.

Eine gute Bouillabaisse ist Anti-Aging-Medizin fürs Gehirn.

Bouillabaisse *mit Rouille*

ZUTATEN FÜR 4–6 PORTIONEN

1,2 kg frische küchenfertige Meeres-
fische (z. B. Dorade, Heilbutt,
Kabeljau, Knurrhahn, Lachs,
Makrele, Meeraal, Rotbarbe,
Seeteufel, Wolfsbarsch)
2 große Zwiebeln
8 mittelgroße fest kochende
Kartoffeln
3 Fleischtomaten (oder
1 kleine Dose Tomaten)
1/2 Bund Petersilie
1–2 Zweige Thymian
1 Zweig Salbei
3 EL Olivenöl
1 Lorbeerblatt
1 Päckchen Safranfäden (0,1 g)
1 Stück Schale von 1 Bio-Orange
Meersalz, schwarzer Pfeffer
100 ml Pastis (südfranzösischer
Anis-Aperitif)
1 l Gemüsebrühe

Für die Croûtons
1 Baguette (vorzugsweise
Vollkornbaguette)
1–2 EL Olivenöl
1 Knoblauchzehe

ZUBEREITUNG: 90 MIN.
BEI 6 PORTIONEN
PRO PORTION CA. 790 KCAL
45 g EW, 40 g F, 52 g KH

1 Fische (mind. 6 Sorten) abbrausen, trocken tupfen. Köpfe und Schwänze abschneiden, Flossen mit Gräten entfernen. Große Fische in Stücke schneiden, Filets in mundgerechte Stücke teilen.

2 Zwiebeln schälen, halbieren und in Halbringe schneiden. Kartoffeln schälen und auf dem Gemüsehobel in 3 mm dicke Scheiben schneiden. Die Tomaten mit kochend heißem Wasser übergießen, häuten und vierteln, entkernen und klein würfeln. Petersilie, Thymian und Salbei abbrausen und trocken schütteln.

3 Öl erhitzen, die Zwiebeln darin glasig dünsten. Kartoffelscheiben, Tomaten, Petersilie, Thymian, Salbei, Lorbeerblatt, Safran und Orangenschale zugeben, salzen und pfeffern. Pastis unterrühren. Alles bei milder Hitze 20 Min. kochen lassen. Fische dazugeben, kurz mitkochen lassen, die Brühe zugießen und bei starker Hitze aufkochen, dann bei kleiner Hitze 15–20 Min. ziehen lassen.

4 Das Baguette in dünne Scheiben schneiden. Öl erhitzen, das Baguette darin portionsweise auf beiden Seiten rösten, herausnehmen und mit der aufgeschnittenen Knoblauchzehe abreiben.

5 Kräuter entfernen, die Suppe salzen und pfeffern. Fisch und Gemüse herausheben und auf tiefe Teller verteilen. Die Suppe durch ein Sieb in eine Schüssel gießen. Die Suppe bei Tisch über den Fisch und das Gemüse geben. Die Croûtons und Rouille (Tipp unten) dazureichen.

TIPP – Dazu gehört die Rouille
2 Knoblauchzehen mit 1 getrockneten roten Chilischote und 6 gekochten Kartoffelscheiben im Mixer pürieren. 2 Eigelb und Meersalz untermengen. Nach und nach 1/8 l kalt gepresstes Olivenöl einlaufen lassen, bis eine Mayonnaise entstanden ist. 1/8 l abgekühlten Fischsud (von der Bouillabaisse) unterrühren. Mit Salz und Pfeffer abschmecken.

Weisheit kann man löffeln …

… beweist der neue Wissenschaftszweig »Nutritional Neuroscience«, Nahrungsmittel-Neurologie. Sie erforscht, was klug macht:

Seefisch: Zweimal wöchentlich eine Seefischmahlzeit kann den IQ um 13 Prozent erhöhen. Warum? Seefisch liefert Omega-3-Fettsäuren, die als Schmiermittel in den Wänden der Nervenzellen für eine reibungslose, schnelle Impulsweiterleitung sorgen. Seefisch versorgt zudem mit den Eiweißbausteinen Isoleucin, Phenylalanin, Tyrosin und Tryptophan. Sie verbessern die Leistungsfähigkeit des Gehirns und heben die Stimmung.

Brühe: Das Gehirn besteht zu 75 Prozent aus Wasser. Wassermangel heißt: schlechte Durchblutung, Energie- und Sauerstofftransport ins Gehirn laufen auf Sparflamme. Ein Mangel an Wasser drosselt auch die Funktion von Kalzium, das Nervenimpulse weiterleitet, oder Natrium und Kalium, die Nervenzellen unterstützen. Geistige Leistungs- und Konzentrationsfähigkeit lassen nach.

Vollkornbaguette: Das Gehirn braucht Energie in Form von Kohlenhydraten. 100 g reichen für eine zuverlässige Energieversorgung. Komplexe Kohlenhydrate halten den Blutzucker konstant. Und die stecken in Vollkornprodukten, Gemüse und Obst.

Olivenöl: Seine einfach ungesättigten Fettsäuren halten das Gehirn elastisch. Das fettlösliche Vitamin E entschärft freie Radikale, die die Zellen rasch altern lassen, beugt Demenzerkrankungen wie Alzheimer vor.

Chilischote: Das Capsaicin der feurigen Schoten lockt im Gehirn Endorphine, die den Körper mit einem Gefühl von Glück und Zufriedenheit überfluten (Seite 69). Man spricht vom »Pepper-High-Effekt«. Der scharfe Stoff fördert zudem die Durchblutung des Gehirns, beschleunigt so den Transport auf der Datenautobahn.

Zwiebeln und Knoblauch: Das ätherische Öl Allicin weitet die Gefäße im Gehirn, steigert die Durchblutung, sorgt für eine gute Sauerstoff- und Nährstoffversorgung und verhindert, dass sich Cholesterin ablagert.

Eigelb: Das Eigelb der Rouille enthält viel Lecithin. Daraus bastelt das Gehirn den Nervenbotenstoff Acetylcholin, der für die Reizübertragung von Nervenzelle zu Nervenzelle verantwortlich ist – und schnell und gut denken und merken lässt. Eier liefern viel Zink. Das beugt Gedächtnisstörungen, Aggressionen, Depressionen oder Angstzuständen vor.

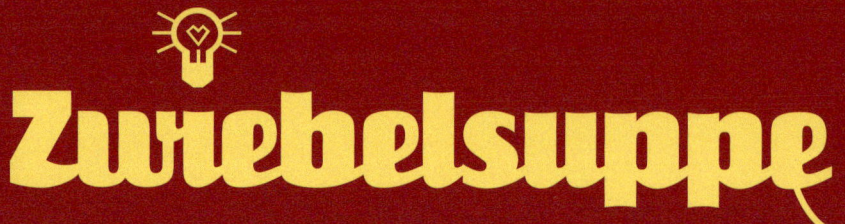

Zwiebelsuppe

füllt leere Batterien mit Energie

Welche Wunder vollbringt denn eine Zwiebelsuppe? Das kann man spüren, das muss man durch Löffeln erfahren, wenn mal die Energie ausgegangen ist. Man hielt auch die vielen Sklaven, die im alten Ägypten Pyramiden bauten, mit Zwiebeln bei Kräften. Sie sei göttlichen Ursprungs sagte man ihr nach – und gab ihre Samen sogar den Toten mit in die Gräber. Die Zwiebel lässt Tränen fließen und andere Wunder geschehen. Darum mixten die Römer ihren Saft in den Trank der Liebe.

Im »Bauch von Paris«, in den Großmarkthallen, brodelte in der Morgendämmerung die erste Zwiebelsuppe. Lastenträger und Sackkarrenschieber, Metzger und Gemüsehändler standen Schlange, um sich an ihr zu wärmen und den Mordshunger zu stillen. Diese Suppe spendete höllisch viel Kraft – und schmeckte himmlisch gut. Das sprach sich rum. Und bald galt es bei den Damen und Herren der Pariser Gesellschaft als en vogue sich nach Varieté oder Séparée, nach einer durchtanzten Nacht mit einer Zwiebelsuppe zu stärken. Die zudem noch die vom Rotwein geschwächte Libido weckte und dafür sorgte, dass man am nächsten Tag nicht mit ganz so dickem Kopf aufwachte.

So hat jede Suppe ihre Zeit, die energiespendende Zwiebelsuppe passt am besten in die zweite Hälfte der Nacht. Oder man löffelt sie als Stärkung nach getaner Arbeit.

Zwiebelsuppe weckt ungeahnte Kräfte.

Pariser Zwiebelsuppe

ZUTATEN FÜR 4 PORTIONEN
500 g Zwiebeln
3 Zweige Thymian
2 EL Olivenöl
2 EL Weizenmehl (Type 1050)
1/4 l trockener Weißwein
1 1/2 l leichte Hühner-
oder Gemüsebrühe
Salz
schwarzer Pfeffer aus der Mühle
200 g Vollkornbaguette vom Vortag
150 g frisch geriebener Gruyère-Käse
(oder Emmentaler Käse)

ZUBEREITUNG: 60 MIN.
PRO PORTION CA. 440 KCAL
19 g EW, 19 g F, 39 g KH

1 Die Zwiebeln schälen, je nach Größe ganz lassen oder halbieren und in feine Ringe schneiden oder auf der Gemüsereibe hobeln. Den Thymian abbrausen, trocken schütteln und die Blätter hacken.

2 In einem Schmortopf das Olivenöl erhitzen, die Zwiebeln dazugeben und bei kleiner Hitze 10 Min. dünsten, nicht bräunen lassen. Dabei häufig wenden. Mehl darüberstäuben, mit den Zwiebeln gut vermischen und kurz anschwitzen. Wein und Brühe dazugießen, Thymian dazugeben, mit Salz und kräftig mit Pfeffer würzen. Die Suppe aufkochen, dann zugedeckt bei mittlerer Hitze 15 Min. kochen lassen. Backofen auf 220° (Umluft 200°) vorheizen.

3 Inzwischen das Baguette in Scheiben schneiden und in einer Pfanne ohne Fett rösten. Baguettescheiben auf vier ofenfeste Suppenterrinen verteilen. Die Hälfte des Käses darüberstreuen. Mit der Suppe auffüllen und mit dem übrigen Käse bestreuen. Die Suppe im Backofen (Mitte) in 7 Min. überbacken, bis der Käse goldbraun ist.

SERVIER-TIPP
Wer keine feuerfesten Suppenterrinen hat, legt die Brotscheiben in Suppenteller. Den Käse einfach darüberstreuen und die kochend heiße Suppe darübergießen.

VARIANTE
Statt der üblichen braunen Zwiebeln können Sie auch die mildere rote Sorte nehmen und den Weißwein durch einen trockenen, nicht zu kräftigen Rotwein ersetzen.

Mehr Kraft mit Zwiebelsuppe

Eine Zwiebelsuppe gefällt dem Gaumen und versorgt mit ihren Zutaten den Körper in jeder Hinsicht mit neuer Energie.

Eine Ode an die Zwiebel

Mehr Kraft & Gesundheit: Seit mehr als 5000 Jahren schätzt man die Zwiebel, auch als Heilpflanze. Vor allem, weil sie Kraft spendet. Im alten Ägypten erhielten die Sklaven während des Pyramidenbaus ihre tägliche Zwiebelration. Die schützte sie vor Durchfallbakterien und Seuchen – und hielt sie bei Kräften. Die alten Griechen haben sich, so heißt es, mit der Knolle für die Olympiade gedopt. Und im Mittelalter trug man die Zwiebel als Amulett gegen die Pest bei sich. Heute weiß die Wissenschaft: Zwiebeln hemmen das Wachstum von Bakterien (z. B. E. coli, Salmonellen), lindern Asthma und Allergien, beugen Osteoporose vor, regen die Verdauung und den Gallenfluss an, senken Blutdruck, Blutzucker und Blutfette. Ätherische Öle, Vitamin C und Zink beugen Husten und Erkältungen vor und lassen einen schneller wieder gesund werden. Ihr hoher Gehalt an Quercetin hemmt Krebszellen am Wachsen.

Das Viagra der Antike: Seit die Zwiebel angebaut wird, schätzt die Menschheit auch ihre aphrodisierende und potenzsteigernde Wirkung. In Ägypten widmete man die Zwiebel der Mondgöttin Isis. Man verehrte die Zwiebel als Symbol für Erotik und Zeugung. Die Römer mischten sich einen Trank aus Zwiebelsaft, Koriander und Wein, um ihre Manneskraft zu stärken. Es gibt genug Studien, die die Wirkung der Zwiebel als »antikes Viagra« stützen. Die schwefelhaltige Verbindung Ajoen verhindert die Kontraktion der glatten Gefäßmuskulatur, indem es das Enzym Cyclooxigenase hemmt, und verhilft dem Mann so zu mehr Ausdauer.

Die ideale Mitternachtssuppe …

Schwitzend tanzen und Alkohol trinken raubt dem Körper Flüssigkeit und Mineralien. Irgendwann ist die Batterie leer. Die heiße, deftige Brühe der Zwiebelsuppe gibt dem Körper zurück, was der Alkohol ihm abgerungen hat. Nach ihrem Genuss kommt man wieder zu Kräften für die nächste Tanzrunde. Der Käse hält den Alkohol etwas länger im Magen. Ein Teil wird von Enzymen dort schon abgebaut – ohne dass er ins Blut und dann in den Kopf dringt. Das geröstete Vollkornbrot liefert Energie in Form von Kohlenhydraten, die Ballaststoffe halten satt für die zweite Hälfte der Partynacht.

Die tröstet den Magen:

Haferschleimsuppe

Meine Oma liebt Haferschleimsuppe. Klar, sie weiß auch um deren magische Wirkung. Ansonsten erfreut sich das Süppchen nicht gerade kulinarischer Beliebtheit. Gibt man sie bei Google ein, findet man 12 000 Einträge – nicht selten kommentiert mit einem »Igitt!«. Für Gulaschsuppe blitzen 274 000 Treffer auf. Schweinebraten glänzt natürlich mit 537 000 Ergebnissen – nur: Der schlägt uns auf den Magen. Und das kurieren wir halt. Ist der Magen verstimmt, heitert ihn die Haferschleimsuppe auf. Kocht man zarte Flocken in Wasser, bildet der Hafer Schleim und der heilt die gereizte, entzündete Magenschleimhaut. Freilich schmeckt das nicht, wenn man die Kunst des Würzens nicht versteht. Unsere Magensuppe ist fein gewürzt und daher ein Gedicht und sie kann noch viel mehr als den Magen beruhigen. Sie versorgt die Nerven mit B-Vitaminen und Mineralien, das Blut mit fit machendem Eisen und lässt das Testosteron ansteigen – das verleiht nicht nur dem Hengst Dynamik. Einfach mal ausprobieren, süß oder herzhaft, wenn's Bäuchlein streikt. Und dann findet man auch an dieser Wundersuppe Gefallen. Wetten dass ...?

Ein Teller Magensuppe hilft jedem verkorksten Bauch.

Süße Magensuppe

IM BILD OBEN

ZUTATEN FÜR 2 PORTIONEN

300 ml ungesüßter Apfelsaft
2 TL Kakaopulver | 2 Gewürznelken
1 Sternanis | 80 g zarte Haferflocken
2 Prisen Zimtpulver
2 Msp. frisch geriebene Muskatnuss
2 TL Akazienhonig

ZUBEREITUNG: 10 MIN.
PRO PORTION: CA. 260 KCAL
7 g EW, 4 g F, 48 g KH

1 Apfelsaft und 300 ml Wasser mit Kakaopulver, Nelken und Sternanis in einem Topf aufkochen lassen.

2 Die Haferflocken dazugeben und unterrühren. Alles unter Rühren aufkochen und 1–2 Min. ausquellen lassen, bis die Suppe sämig, aber nicht dick ist.

3 Die Suppe mit Zimtpulver, Muskat und Honig abschmecken.

VARIANTE

Anstelle von Apfelsaft ungesüßten Birnensaft nehmen und den Kakao durch 10 g fein geriebene Bitterschokolade (mindestens 70 % Kakaoanteil) ersetzen.

Herzhafte Magensuppe

IM BILD UNTEN

ZUTATEN FÜR 2 PORTIONEN

600 ml Gemüse- oder Fleischbrühe
80 g zarte Haferflocken
Salz, schwarzer Pfeffer
2 Msp. frisch geriebene Muskatnuss
1/2 Bund Kräuter (z. B. Petersilie,
Dill, Basilikum oder Schnittlauch)

ZUBEREITUNG: 10 MIN.
PRO PORTION: CA. 165 KCAL
7 g EW, 4 g F, 25 g KH

1 Die Brühe in einem Topf aufkochen lassen. Die Haferflocken einrühren, unter ständigem Rühren aufkochen und 1–2 Min. ausquellen lassen, bis die Suppe sämig, aber nicht dick ist. Mit Salz, Pfeffer und Muskat würzen.

2 Die Kräuter abbrausen und trocken schütteln, die Blätter fein hacken und unter die Suppe rühren.

TIPP

Meine Oma mag nur kernige Haferflocken. »Da ist doch viel mehr Gesundheit drin!« Sie weicht sie über Nacht ein. Und kocht sie im Einweichwasser.

Gesundheit geht durch den Magen

Leider heißt die uralte Magenmedizin nicht Magensuppe, wie das Magenbrot – sonst würden wir sie vielleicht ebenso gerne essen wie die Briten ihren Porridge, der ihnen Energie schenkt und den Magen für den Tag stärkt. Haferbrei klingt auch viel besser als »Schleimsuppe«. Nun aber weiter im Text: Magenbrot enthält magenfreundliche (daher der Name) Gewürze wie Gewürznelken, Zimt, Sternanis und Muskat. Kakaopulver färbt es dunkel und Honig macht es süß. Jetzt wissen Sie, wie das Magensuppen-Rezept entstanden ist. Man mixt zwei Wunder – und ein noch größeres entsteht.

Die süße Magensuppe

Das Original-Rezept aus Wasser und Haferflocken kriegt durch Kakao eine schöne Farbe. Dazu gesellt sich eine feine Würze, die nach Lebkuchen schmeckt: Die ätherischen Öle von Anis lösen Bauchkrämpfe. Die Gewürznelke tötet nicht nur Keime ab, sondern stillt auch den Schmerz. Eine Messerspitze voll Muskat hilft gegen Durchfall, stärkt Magen und Darm. Aber Vorsicht: Eine ganze Nuss dieser Droge kann zu schweren Krämpfen, Schwindel und Halluzinationen führen. Zimt wirkt antibakteriell und tötet Pilze ab. Und: Zimt regt die Darmbewegung an, fördert die Produktion von Magensäften und verbessert die Verdauung (bei Durchfall Zimt einfach weglassen).

Die herzhafte Magensuppe

Die Brühe gibt gemeinsam mit dem mineralstoffreichen Hafer (Mangan, Kupfer, Zink, Kalzium, Eisen) dem Körper verloren gegangene Mineralien zurück. Sie enthält Kräuter, die gemeinsam mit dem Hafer dem Magen guttun: Basilikum löst Krämpfe, wirkt antibakteriell und reinigt den Darm. Dill lindert Blähungen und holt den Appetit zurück. Genauso wie Petersilie, die ebenfalls Krämpfe löst. Schnittlauch hilft bei Entzündungen im Magen und Darm.

Tut der Bauch weh? Dann hilft der feucht-warme Leibwickel

Ein Tuch in heißes Wasser legen, auswringen, bis es nicht mehr tropft, ein Handtuch drum herumschlagen und dann direkt auf den Bauch legen und zudecken. Den Wickel nicht zu heiß machen!

Die Survival-Suppe
aus Kartoffeln

Würde mich einer fragen, was ich von einem sinkenden Boot auf eine einsame Insel retten würde, um zu überleben, dann lautet die Antwort ganz klar: ein Fass Butterbier und Kartoffelsuppe mit Ei. Wenn Harry Potter Butterbier trinkt, hat das magische Kräfte. Und die Kartoffelsuppe sowieso. Besonders mit Ei. Diese Kombination ist für den Körper wertvoller als ein Steak. Mehr braucht man zum Überleben nicht. Na, ja eine Kokosnuss als Nachtisch vielleicht.

Butterbier, ganz klar, ist die Erfindung von Joanne K. Rowling. Doch wer erfand die Kartoffelsuppe? Der Agronom und Militärapotheker Antoine Augustin Parmentier (1737–1813) wollte etwas gegen die schreckliche Hungersnot in Frankreich tun. Und er wusste wie: mit der Kartoffel ...
Nur: Die hatte den schlechten Ruf, Lepra zu erregen. Deshalb, so heißt es, bediente sich Parmentier eines kleinen Tricks. Er pflanzte Kartoffelsetzlinge an. Stellte ein Schild an die Umzäunung: »Stehlen verboten.« Und schon nahmen sich die Bauern die Pflänzlein mit. So mutierte die Kartoffel zur Retterin der Nation. In Parmentiers Werk »Die Kunst, Brod aus Erdäpfeln zu backen« findet sich auch das Rezept für die »Potage Parmentier« – der Ursprung der Kartoffelsuppe. Darüber hat Martina noch ihren Zauberstab gelegt. Guten Appetit!

Zum Überleben braucht man nicht mehr: Kartoffelsuppe mit Ei.

Kartoffelsuppe mit Ei

ZUTATEN FÜR 4 PERSONEN

750 g mehlig kochende Kartoffeln

2 Möhren

1 Stück Knollensellerie

1 Stange Lauch

1 große Zwiebel

3 EL Öl

1 l Gemüse- oder Kalbsbrühe

1 TL gehackter Majoran (frisch oder getrocknet)

Salz, schwarzer Pfeffer

frisch geriebene Muskatnuss

2 EL Crème fraîche

1/2 Bund Petersilie

4 kleine Eier

ZUBEREITUNG: 75 MIN.

PRO PORTION CA. 220 KCAL

6 g EW, 8 g F, 29 g KH

1 Kartoffeln abbrausen, schälen, würfeln und in einer Schüssel mit Wasser bedeckt beiseitestellen. Gemüse abbrausen, putzen und schälen. Möhren und Sellerie würfeln. Vom Lauch nur die weißen Teile in feine Ringe schneiden. Zwiebel schälen und würfeln.

2 2 EL Öl in einem Topf erhitzen, das Gemüse darin 5 Min. andünsten. Kartoffeln abtropfen lassen, dazugeben und mit der Brühe aufgießen. Den Majoran dazugeben, aufkochen und die Kartoffeln in 25 Min. garen.

3 Kartoffelsuppe mit dem Pürierstab leicht pürieren – sie soll noch Kartoffel- und Gemüsestücke enthalten. Mit Salz, Pfeffer und Muskat würzen. Crème fraîche unterrühren. Petersilie abbrausen, trocken schütteln und die Blätter hacken.

4 Übriges Öl in einer Pfanne erhitzen, Eier aufschlagen und darin zu Spiegeleiern braten, salzen und pfeffern. Spiegeleier mit Petersilie auf die Suppe geben und servieren.

VARIANTEN – für Toppings

... mit Pfifferlingen: 200 g Pfifferlinge abreiben, putzen und in 2 EL Olivenöl mit 1 TL gehackten Thymian 5 Min. braten. Auf die Suppe streuen.

... mit Roggen-Croûtons: 1 große Scheibe Roggen-Sauerteigbrot entrinden, würfeln. Mit 1 zerdrückten Knoblauchzehe in 1 EL Öl unter Wenden rösten. Auf der Suppe verteilen.

... mit Feta: 100 g Schafkäse würfeln. 1 rote Paprikaschote abbrausen, putzen und ebenfalls würfeln, in 2 EL Olivenöl dünsten, salzen und pfeffern. Mit dem Feta auf die Suppe geben.

... mit Garnelen: 100 g geschälte, gekochte Garnelen mit 4 TL Schmand und 1 EL gehacktem Dill auf die Suppe streuen.

Eine Ode an das Kellerkind

Die Kartoffel macht dick? Ja, stimmt. Sie enthält einfach viel Stärke. Und die verwandeln sich schon im Mund zu kleinen Zuckermolekülen – und wenn man die Kartoffel mit Butter oder Braten genießt, macht sie dick. Aber Tiramisu macht auch dick. Und trotzdem lieben wir es. Die Kartoffel liefert wenigstens noch Ballaststoffe für unsere Verdauung, B-Vitamine für die Nerven, Magnesium, das uns gegen Stress wappnet, Eisen fürs Blut, Kalium fürs Herz. Das tut das Tiramisu nicht. Mit ihm könnten wir auf einer einsamen Insel nicht überleben. Und es würde uns auch schnell langweilig. Die Kartoffel ist vielseitiger. Sie schmeckt frisch gepellt, als Brei, eckig oder in dünnen Scheiben, als Knödel, als Krokette – und freilich in der Suppe. Ein Dankeschön an den, der sie vor 450 Jahren von den Anden zu uns nach Europa gebracht hat.

Die Kartoffel macht nicht dick? Ja, stimmt. Wenn man sie ohne tierisches Fett genießt – und unter Kartoffel nicht Pommes oder Chips versteht. Denn die Kartoffel lockt zwar das Hormon Insulin, das Fett in die Fettzellen dirigiert und dort einsperrt. Aber wenn man nicht gleichzeitig tierisches Fett isst, ist auch nichts da, was die Kartoffel auf die Hüfte schickt. Also: Unsere Kartoffelsuppe macht nicht dick, aber satt. Die können auch Abnehmer mit Genuss löffeln.

Biologisch wertvoll – Kartoffeln & Ei: Die biologische Wertigkeit besagt, wie gut unser Körper das Eiweiß eines Lebensmittels in körpereigenes Eiweiß umbauen kann. Ein Ei hat eine biologische Wertigkeit von 100. Die Kartoffel führt die Rangliste der pflanzlichen Lebensmittel mit einer biologischen Wertigkeit von 95 an. Und kombiniert man beide, hat man ein Gericht, mit dem man überleben kann. Die biologische Wertigkeit ist 137. Da freuen sich die Muskeln, das Immunsystem, die Nerven, die Gute-Laune-Botenstoffe …

Kartoffel-Medizin: US-Forscher untersuchten mehr als 100 verschiedene Kartoffelsorten. Sie fanden über 60 unterschiedliche Phytonährstoffe, die sich unter der dünnen braunen Schale verstecken. Neben Vitamin C und Folsäure, entdeckten die Forscher Polyphenole, Flavonoide (darunter immunstärkendes Quercetin) und sogar blutdrucksenkende Kukoamine, die bis dato nur in der exotischen TCM-Heilpflanze Lycium chinense nachgewiesen worden sind.

ENTSCHLACKEN MIT DER

BASENBRÜHE

Spieglein, Spieglein an der Wand, wer guckt da so fertig in diesem Land ...? Jeder Zweite bräuchte eine Wundermedizin gegen die Kerben, die das Leben schlägt: Stress, schlechtes Essen, zu wenig Bewegung, Nikotin und Alkohol übersäuern den Körper. Das raubt Energie, macht schnell alt und krank. Dagegen gibt es diese Wundermedizin: Basenbrühe. Eigentlich müsste an jeder Straßenecke ein großer Topf brodeln. Man schöpft sich täglich seinen Liter Jungbrunnen ab und bringt Schluck für Schluck seinen Säure-Basen-Haushalt wieder ins Gleichgewicht – darüber würde sich auch das Gesundheitsministerium freuen. Entsäuern beugt Krankheiten vor wie Allergien, Rheuma, Gicht, Arthrose, Arthritis, Muskelbeschwerden, Magen- und Darmstörungen, Impotenz, Alzheimer. Und wir wären auch alle viel schöner. Ein saurer Lebenswandel zeigt sich mit fahlem Teint, schuppiger Haut, vorzeitiger Faltenbildung. Dazu gesellen sich Haarausfall, brüchige Fingernägel, Cellulitis ...
Entsäuern, das ist im Grunde keine Zauberei. Nur ein bisschen Körperchemie – mehr lesen Sie auf Seite 49.

**Schluck für Schluck entgiften, gut aussehen,
Gesundheit tanken, länger leben.**

BASENBRÜHE

ZUTATEN FÜR 1 LITER
JUNGBRUNNEN

3 mittelgroße Kartoffeln
1 Möhre
120 g Knollensellerie
1 Prise Cayennepfeffer
1 Scheibe frischer Ingwer

ZUBEREITUNG: 40 MIN.
PRO LITER: 2 KCAL
0 g EW, 1 g F, 0 g KH

1 Die Kartoffeln schälen, abbrausen und klein schneiden. Möhre und Sellerie putzen, schälen und in Würfel schneiden.

2 Kartoffeln, Möhre und Sellerie in einen Topf geben, mit 1 l Wasser auffüllen und bis knapp unter den Siedepunkt erhitzen, dann 20 Min. ziehen lassen. Etwa 5 Min. vor dem Ende der Garzeit Cayennepfeffer und Ingwer dazugeben.

3 Die fertige Brühe durch ein Sieb gießen, das Gemüse anderweitig verwenden und die Brühe warm trinken. Die Basenbrühe täglich frisch zubereiten!

KLEINE GEBRAUCHSANLEITUNG

- Grundreinigung für den Körper: Trinken Sie täglich einen Liter Basenbrühe, drei Monate lang. Und dann gucken Sie in den Spiegel …
- Trinken Sie nachts vor dem Einschlafen ein Glas, wenn Sie mal feuchtfröhlich gefeiert haben.
- Legen Sie einen Basenbrühentag ein, wenn es üppige Festmahlzeiten gab.
- An sehr sportlichen Tagen, beispielsweise beim langen Wandern lohnt es sich, eine Thermoskanne mit Basenbrühe mitzunehmen. Das beugt der Übersäuerung vor.

Das Geheimnis hinter der Basenbrühe

Warum ist ein Süppchen so gesund und kann von Allergie über Gicht bis Alzheimer vielen Leiden vorbeugen? Weil es wie die Schüssler Salze wirkt – den Körper entsäuert. Was steckt dahinter? Können Sie sich an H+ und OH- aus dem Chemieunterricht erinnern? Wasserstoffionen und Hydroxylionen. Viel H+, viel Wasserstoff, heißt: sauer. Und viel OH- heißt basisch. Schweißt man beide zusammen, heißt das ganze H_2O, also Wasser, und das ist neutral. Im Blut will man, dass der pH-Wert (der Säuregrad) bei 7,4 liegt. Nicht sinkt, sonst wird das Blut sauer. Dafür sind die Nieren zuständig. Sie können H+ oder Mineralstoffe zurückhalten oder ausscheiden und damit den pH-Wert des Blutes konstant halten. Das ist lebenswichtig.

Das kann man messen: Wird das Blut oft zu sauer – weil Sie rauchen oder viel Fleisch, Zucker oder Weißmehl essen oder weil Ihnen bestimmte Mineralien fehlen, dann scheiden die Nieren viele H+ aus. Das können Sie mit einem Teststäbchen im Urin messen. Als normal gilt ein pH-Wert zwischen 5,5 (nüchtern) und 7,5. Liegen die Werte regelmäßig darunter oder darüber, sollten Sie Ihr gesamtes Entgiftungssystem mit der Basenbrühe entlasten.

Schlacken sind neutralisierte Säuren: Säuren sind chemische Verbindungen, die ätzend wirken. Im Körper haben wir die Magensäure, die Nahrung zerkleinert, die Milchsäure aus dem Muskel, die müde und krank macht, die Harnsäure, die in jeder Zelle entsteht und als Stein auskristallisieren kann, die Kohlensäure, die vermehrt entsteht, Zucker und Fett verbrennt … Um nicht von Säuren vergiftet zu werden, neutralisiert sie der Körper zum Beispiel mit Mineralstoffen wie Magnesium, Kalium, Kalzium … Unter Schlacken versteht man also neutralisierte Säuren. Und die haben in einem gesunden Körper nichts verloren.

Schlacken wird man los: Indem man auf basenbildende Mineralien achtet wie Eisen, Mangan, Zink, Magnesium, Kalium, Kalzium. Viel stilles Wasser trinkt – und basische Lebensmittel isst. Dazu zählen: die meisten Gemüse- und Obstsorten (sogar Zitrusfrüchte!), Kürbis-, Sonnenblumenkerne, Buttermilch, Frischmilch, Molke, Sojadrink, Tofu, Buchweizen, naturbelassene Öle, schwarzer Tee (der mindestens vier Minuten zieht), Kräutertee, aber auch Kartoffeln. Sie enthalten viele basisch wirkende Mineralstoffe.

Nun kennen Sie das Geheimnis der Basenbrühe.

Gazpacho

belebt wie eine Oase in der Wüste

Der Ventilator rührt in dicker Luft. Verschafft nur den Hauch einer Erleichterung. Die Eisklümpchen im Wasserglas schmelzen im Zeitraffer. Die Energie perlt mit dem Schweiß aus dem Körper. Müde, ausgelaugt, unstillbar durstig. Endlich, der Camarero stellt einen Teller Gazpacho auf den Tisch. Tomatenrot. Eiskalt. Zauberei. Jeder Löffel belebt Körper und Geist, als treffe man auf eine Oase in der Wüste. Egal, ob in der Bar in Andalusien oder an den Hundstagen bei uns.

Schon in vorrömischer Zeit erfrischten sich die Hirten Andalusiens mit einer kalten Suppe aus Brot, Knoblauch, Essig, Olivenöl, Wasser – stillten damit Hunger und Durst. Später krönten spanische Bauern die einfache Suppe mit ihrem frisch angebauten Gemüse zur »Gazpacho andaluz«, dem schnellen Energiespender für heiße Tage, der wie der Schatten einer Palme auch noch vor der Sonne schützt. Warum, lesen Sie auf Seite 53.

Ein Teller eiskalte Gazpacho im Sommer ist wie eine Oase in der Wüste.

Andalusische Gemüsesuppe:
Gazpacho

ZUTATEN FÜR 4 PORTIONEN
8 Scheiben Vollkorntoast (ca. 200 g)
100 ml kalt gepresstes Olivenöl
4 EL Rotweinessig
2 Knoblauchzehen
700 g reife Fleisch- oder Eiertomaten
1 Gärtner- oder Salatgurke
je 1 kleine rote und grüne
Paprikaschote
1 weiße Zwiebel
200 ml Gemüsebrühe oder -fond
Salz, schwarzer Pfeffer
1 TL edelsüßes Paprikapulver

ZUBEREITUNG: 60 MIN.
KÜHLZEIT: 45 MIN.
PRO PORTION CA. 290 KCAL
6 g EW, 19 g F, 23 g KH

1 2 Scheiben Toastbrot (ca. 50 g) beiseitelegen, den Rest klein schneiden und in eine Schüssel geben. Mit dem Olivenöl bis auf 1 EL und dem Essig beträufeln. Knoblauch schälen, durch die Knoblauchpresse dazudrücken und untermischen. Die Mischung 30 Min. ruhen lassen.

2 Inzwischen die Tomaten mit kochendem Wasser überbrühen, kalt abschrecken und häuten. Tomaten vierteln, entkernen, Stielansätze herausschneiden. 1 Tomate in kleine Würfel schneiden und beiseitestellen.

3 Gurke schälen, halbieren und entkernen. Ein Drittel fein würfeln und beiseitestellen, den Rest grob würfeln. Paprikaschoten halbieren, putzen und abbrausen. Jeweils ein Drittel der Paprika fein würfeln und beiseitestellen, den Rest klein schneiden. Zwiebel schälen, fein würfeln, ein Drittel fein würfeln und beiseitestellen.

4 Tomatenviertel, Gurken-, Paprika- und Zwiebelwürfel in eine große Schüssel oder in den Mixer geben. Das eingeweichte Brot hinzufügen und die Brühe oder den Fond dazugießen. Das Gemüse mit dem Pürierstab oder im Mixer 4–5 Min. pürieren, bis es glatt ist. Mit Salz, Pfeffer und Paprikapulver würzen. Die Suppe zugedeckt 45 Min. kalt stellen.

5 Übriges Toastbrot entrinden, würfeln. 1 EL Öl in einer beschichteten Pfanne erhitzen, Toastbrotwürfel darin goldbraun rösten. Auf Küchenpapier abtropfen lassen. Übrige Gemüse-, Zwiebel- und Brotwürfel getrennt in Schälchen geben. Die kalte Suppe kräftig durchrühren. Die Beilagen um die Suppe herum anrichten. Jeder nimmt sich davon nach Geschmack.

TIPP – eiskalt serviert
Wenn im Sommer die Temperaturen auf südländische Werte klettern, können Sie noch einige große Eiswürfel in die Suppe geben.

Die Oase aus dem Suppenteller

Gazpacho ist pure Sonnen-Medizin, ein Lebenselixier an den Hundstagen, der heißesten Zeit des Jahres. Den Namen bekamen diese Tage vom Sternbild des Großen Hundes (Canis major), dessen Aufgang Ende Juli beginnt und erst etwa einen Monat später vollständig zu sehen ist.

Gazpacho liefert Wasserkraft. Hitzefrei, weil die Energie ausgeht? Nein, man kann Energie löffeln. Kalte Suppen mit Wasserfrüchten wie Tomaten und Gurken gleichen den Flüssigkeitsverlust aus. Ein Verlust von nur einem Prozent des Körpergewichts mindert die körperliche und geistige Leistungsfähigkeit. Die Folgen: Müdigkeit, Schwäche, Krämpfe, Bewusstseinsstörungen, Reizbarkeit, Kopfschmerzen …

Gazpacho wirkt wie ein Nerventonikum: Kalium und Magnesium schwitzt man an heißen Sommertagen aus. Die Stars aus dem Gazpacho – Paprika, Tomaten und Gurken – sorgen für Nachschub. Magnesium steuert Muskel- und Nervenfunktion. Ein Magnesiummangel belastet den Energiestoffwechsel, macht stressanfälliger, kann Wadenkrämpfe und Herzrhythmusstörungen verursachen. Kalium brauchen wir für den Wasser-Elektrolyt- und Energie-Haushalt und für die Erregbarkeit von Muskeln und Nerven. Die Folgen eines Kaliummangels: Muskelschwäche, Müdigkeit, Kopfschmerzen, Schwindel, Übelkeit, Krämpfe, Stimmungsschwankungen, Herz- und Kreislaufprobleme, Darmträgheit. Übrigens: Schon vor 3000 Jahren stillten die Arbeiter im Steinbruch von Mons Claudianus in der östlichen Wüste Ägyptens mit der wasserreichen Gurke ihren Durst.

Gazpacho = Sonnenschutz: Lycopin, das die Tomate rot färbt, wirkt wie Sonnencreme von innen. Eine Studie verleiht dem Stoff einen Sonnenschutzfaktor von zwei bis drei. Lycopin lagert sich in die Haut ein, tönt sie leicht, beugt Sonnenbrand vor. Und die Paprika liefert ihren Sonnenschutz in Form von Carotinoiden, Vitamin C und E dazu. Forscher der LMU München verabreichten drei Monate lang 18 Probanden jeden Tag 2 Gramm Vitamin C und 1000 I. E. Vitamin E. Das Ergebnis: Die Sonnenbrand-Empfindlichkeit der Haut nahm bei den Studienteilnehmern signifikant ab. Hat sich die Haut mal gerötet, hilft Gurke auch von außen. Einfach Gurkenscheiben auf die verbrannten Stellen legen – das beruhigt die Haut, hilft ihr sich zu regenerieren.

Das Olivenöl im Gazpacho spendiert Ihnen nicht nur eine Extraportion Aroma und Vitamin E. Es hilft dem Körper auch, die fettlöslichen Hautschützer leichter aufzunehmen und zu verwerten.

Magische Kohlsuppe

der Start in ein schlankes Leben

Sieben Tage Kohlsuppe löffeln – der Körper entschlackt, das Immunsystem sagt »Danke« und fünf Kilo sind weg. Magie? Ja, an den Kohl hat die Natur ihren Zauberstab gelegt. Kohlsuppe ist die Initialzündung für eine ausgiebige Fettverbrennung. Man darf davon so viel essen wie man will. Je mehr, desto besser. Und: Sie wird von vielen Ärzten empfohlen. Sie holt uns raus aus der Heißhunger-Insulinfalle, reinigt den Körper, bringt den Stoffwechsel auf Trab. Nun ist Kohlsuppelöffeln keine Lebensweise, auch wenn unsere nach mehr schmeckt. Doch drei bis sieben Tage sind schnell um – und dann darf man seine Ernährung umstellen. Das Gute daran: Kohlsuppe bleibt ein Rezept fürs Leben. Ein Kohlsuppentag schlägt jedes angeschlichene Festtagskilo in die Flucht.

Ein großer Teller Kohlsuppe hat 100 Minuskalorien.

Magische Kohlsuppe

ZUTATEN FÜR 1 TAG

10 g getrocknete Steinpilze
300 g Weißkohl
150 g Möhren
3 Stangen Staudensellerie
2 große Frühlingszwiebeln
1 kleine grüne Paprikaschote
2–3 TL glutamatfreie Gemüsebrühe (Instant)
1 kleine Dose Tomaten
(400 g Füllgewicht)
schwarzer Pfeffer
2 Lorbeerblätter
1 TL Wacholderbeeren
1 EL kalt gepresstes Olivenöl
frisch geriebene Muskatnuss
1 Bund Schnittlauch

ZUBEREITUNG: 40 MIN.
PRO TAG CA. 340 KCAL
20 g EW, 12 g F, 40 g KH

1 Die Steinpilze in 1/4 l lauwarmem Wasser 15 Min. einweichen. Inzwischen den Kohl abbrausen, putzen, in Spalten teilen, vom Strunk befreien und in Streifen schneiden. Möhren putzen und schälen. Staudensellerie putzen und abbrausen. Beides in dünne Scheiben schneiden. Frühlingszwiebeln putzen, abbrausen und in feine Ringe schneiden. Paprikaschote halbieren, putzen, abbrausen und klein würfeln.

2 In einem Topf 3/4 l Wasser mit Brühe aufkochen lassen, das Gemüse (bis auf die Pilze) und die Tomaten samt Saft dazugeben. Mit Pfeffer, Lorbeerblättern und Wacholderbeeren würzen.

3 Die Pilze durch ein Sieb abgießen, dabei das Einweichwasser auffangen. Die Pilze grob hacken, mit dem Einweichwasser dazugeben. Das Gemüse zugedeckt bei kleiner Hitze in 20 Min. garen.

4 Das Olivenöl unterrühren, die Suppe nicht mehr kochen lassen. Mit Muskat und Pfeffer abschmecken. Schnittlauch abbrausen, trocken schütteln und in feine Röllchen schneiden. Die Suppe damit bestreuen.

VARIANTE

1 Bund gemischte Kräuter (z. B. Basilikum, Schnittlauch und Petersilie) hacken und zum Schluss unterrühren.

Kleine Gebrauchsanleitung

Wie sieht eine Kohlsuppen-Woche aus? Man isst Kohlsuppe – so viel wie man kann. Einfach in einer Thermoskanne mitnehmen. Dazu gibt's Gemüse und Obst, und damit die Muskeln nicht schwinden, eine Portion Eiweiß. Am dritten Tag wird's schwer. Dann kann man die Kohlsuppe pürieren, das hilft oft. Oder man steigt gut entschlackt aus der Insulinfalle um auf »gesund essen«, zum Beispiel mit der GLYX-Diät.

Tag 1: Erlaubt sind alle Früchte, außer Bananen, und magische Kohlsuppe so viel wie Sie wollen. Trinken Sie mindestens 3 Liter stilles Mineralwasser, ungezuckerten Kräuter- und Früchtetee, morgens und nachmittags einen Eiweißshake aus der Apotheke oder aus der Natur in Form von Molke oder Buttermilch. Bewegung nicht vergessen!

Tag 2: Alle Gemüse sind erlaubt, bis auf Mais und Erbsen. Auch mit etwas Olivenöl gedünstet. Löffeln Sie so viel Suppe wie Sie wollen. Viel trinken, warum nicht auch mal einen Gemüsesaft? Vergessen Sie nicht das Eiweiß, eine Portion Bewegung und abends gibt es eine Baked potatoe mit Kräuterquark.

Tag 3: Essen Sie Obst, Gemüse, außer Bananen, Erbsen und Mais, und Kohlsuppe nach Herzens Lust. Viel trinken, Eiweiß, Bewegung … Sie wissen schon.

Tag 4: Kohlsuppe essen, viel trinken, Eiweiß, Bewegung plus über den Tag verteilt zwei Bananen pur und eine halbe als Shake kombiniert mit Milchprodukten.

Tag 5: Kohlsuppe genießen, viel trinken, Eiweiß, Bewegung … Und als Highlight gedünsteten Fisch mit Tomaten – kein anderes Gemüse, kein Obst. Fischkasper greifen zu Hähnchen- oder Putenbrust.

Tag 6: Kohlsuppe, trinken … und Gemüse nach Lust und Laune, außer Mais und Erbsen, zu Fisch oder Geflügel.

Tag 7: Endspurt! Heute gilt das Motto von Tag 6, nur dass Sie mittags oder abends ein leckeres Pilz-Risotto genießen dürfen. Und dann sind Sie am Ziel! Sie können gleich morgen in Ihr neues, gesundes Leben starten.

Wer's genauer wissen will, genaue Anleitung und Rezepte braucht, liest das Büchlein »Magische Kohlsuppe« (Gräfe und Unzer Verlag).

Gesund & reich mit
Sauerkrautsuppe

Sauerkraut rettete Seefahrer vor Skorbut, der Vitamin-C-Mangel-Krankheit, die erst die Kraft, dann die Zähne, dann das Leben nahm – und sorgt, an Neujahr genossen, für Geldsegen. Wunderbar! Dann passt es in unsere Suppe. Zwei Wünsche an die Zauberfee wären damit erfüllt: gesund und reich. Kapitän James Cook brachte 1776 seine Mannschaft nur dazu, das saure Kraut aus den Fässern zu essen, indem er es selbst aß und einfach so tat, als sei es eine neue Delikatesse der Reichen. Er hatte unser Rezept noch nicht.

Freilich, neu war Sauerkraut auch zu Cooks Zeiten nicht. Schon die alten Römer konservierten ganze Kohlköpfe in Salzlake und auch die Chinesen ließen Kohl vergären, um ihn haltbar zu machen. Das ganze Geheimnis: Das Kraut hobeln, stampfen und mit Salzlake bedecken. Ohne Luft beginnen Milchsäurebakterien, die Kohlenhydrate aus dem Kohl abzubauen. Dabei entstehen Kohlendioxid, Essig- und Milchsäure. Der pH-Wert sinkt, sodass sich unerwünschte Bakterien und Pilze verkrümeln, nützliche Bakterien vermehren. Und diese nützlichen Bakterien gelangen mit dem Sauerkraut in den Darm, halten ihn gesund. Das wusste schon Sebastian Kneipp (1821–1897) und empfahl Sauerkraut als Heilmittel gegen Magen-Darm-Geschwüre, Magenübersäuerung und Verstopfung.

Sauerkrautsuppe bringt den Darm auf Touren.

Sauerkrautsuppe
mit Äpfeln

ZUTATEN FÜR 4 PERSONEN

2 Zwiebeln
3 EL Öl
1 EL Weizenmehl (Type 1050)
1 EL edelsüßes Paprikapulver
1 TL rosenscharfes Paprikapulver
400 g Sauerkraut
1/8 l trockener Weißwein
1,2 l Fleisch- oder Gemüsebrühe
2 Lorbeerblätter
1 TL Kümmel
500 g vorwiegend fest
kochende Kartoffeln
2 mittelgroße Äpfel
Salz, schwarzer Pfeffer
1–2 TL flüssiger Akazienhonig
3–4 Stängel Majoran

ZUBEREITUNG: 70 MIN.
PRO PORTION CA. 270 KCAL
6 g EW, 10 g F, 35 g KH

1 Die Zwiebeln schälen, halbieren und in Halbringe schneiden. 2 EL Öl in einem Topf erhitzen, die Zwiebeln darin glasig dünsten. Mehl und beide Sorten Paprikapulver darüberstäuben und kurz anschwitzen. Sauerkraut dazugeben und kurz mitdünsten. Unter Rühren Wein und Brühe zugießen. Lorbeerblätter und Kümmel zufügen. Alles aufkochen und zugedeckt bei mittlerer Hitze 45 Min. sanft kochen lassen, dabei öfter umrühren.

2 Inzwischen die Kartoffeln schälen, abbrausen und in 2 cm große Würfel schneiden. Die Kartoffelwürfel nach 30 Min. in die Suppe geben und bis zum Schluss mitgaren.

3 Etwa 10 Min. vor dem Ende der Garzeit die Äpfel gut waschen, abtrocknen, halbieren, entkernen und die Hälften jeweils in 3–4 Spalten schneiden. Diese rundherum salzen und pfeffern. Das übrige Öl in einer Grillpfanne erhitzen und die Äpfel darin auf jeder Seite 2 Min. grillen.

4 Die Suppe mit Salz, Pfeffer und Honig würzen. Den Majoran abbrausen und die Blättchen abzupfen. Die Suppe auf Teller verteilen, Apfelspalten daraufgeben und mit Majoran bestreuen.

TUNING-TIPP
Zum Schluss noch je 1 EL Schmand oder saure Sahne auf die Suppe geben.

Eine Ode an die Sauerkrautsuppe

In einem gesunden Körper steckt nicht nur ein aktiver Geist, sondern auch ein gesunder Darm. Denn der sorgt dafür, dass wir vital bleiben, leistungsfähig sind, und das ist die Grundlage zum Geldverdienen. Tja, deshalb isst man an Neujahr Sauerkraut und sollte es das ganze Jahr über immer mal wieder tun. Warum nicht mal als Suppe?

Glückliche Darmflora für glückliche Menschen: Gewinnen die bösen Darmbakterien die Oberhand, beginnen Essensreste im Darm zu faulen. Giftstoffe entstehen. Sie rauben dem Körper Vitamine und Mineralstoffe und schwächen das Immunsystem. Das ist bei vielen Menschen so. Und bei denen wirkt Sauerkrautsuppe Wunder: Milchsäurebakterien machen nicht nur Fäulnisbakterien im Sauerkraut den Garaus und konservieren es, sondern auch Pilzen, Parasiten und schädlichen Bakterien im Darm. Sie sorgen damit für eine gesunde Darmflora. Und die braucht der Körper für eine effektive Nährstoffaufnahme, eine gute Verdauung und fürs Immunsystem, von dem der größte Teil im Darm sitzt. Dort werden übrigens auch, so neue Forschungsergebnisse, Botenstoffe des Glücks produziert.

Bewegung gegen Endlossitzungen: Jeder Zweite leidet unter Verstopfung. Dagegen hilft: Sauerkraut. Das bei der Gärung entstehende Acetylcholin sorgt mit den Ballaststoffen des Sauerkrauts für viel Bewegung im Darm und damit für einen regelmäßigen Stuhlgang. Sekundäre Pflanzenstoffe wie Glukosinolate und Senföle halten den Darm ebenfalls auf Trab. Und natürlich auch der Apfel in der Suppe. Er enthält wasserlösliche Ballaststoffe, die Pektine. Sie saugen sich im Darm mit Wasser voll, quellen auf, vergrößern das Stuhlvolumen. Die große Menge kitzelt den Darm, animiert ihn, sich wieder mehr zu bewegen und den Ballast loszuwerden.

Medizin gegen Krebs: Laut einer finnischen Studie hemmen Isothiocyanate im Kohl das Wachstum von Krebszellen, wenn man Sauerkraut nicht mit zu vielen Würsten isst, sondern mit Apfel. Eine Studie der Universität Kaiserslautern zeigt: Apfel-Pektine helfen in Zusammenarbeit mit Vitamin C und Polyphenolen, Darmkrebs effektiv vorzubeugen und Entzündungen zu unterdrücken. Nicht zuletzt fühlen sich Fäulnisbakterien in Anwesenheit der Apfel-Fruchtsäuren wie Tartarin- und Apfelsäure überhaupt nicht wohl.

Bitte mit Kümmel: Die im Kümmel enthaltenen ätherischen Öle regen die Verdauung an, lindern Blähungen – zum Beispiel nach Sauerkrautgenuss – und entkrampfen die Darmmuskulatur.

Macht Manager munter:

Tomatensuppe

Was trinken männliche und weibliche Alpha-Typen, die durch die Welt jetten und ständig unter Strom stehen, im Flugzeug? Tomatensaft. Gut so. Gut für die Nerven. Und was bestellen sie beim Geschäftsessen als ersten Gang? Tomatensuppe, wenn sie auf der Karte steht. Das müssen Sie mal beobachten. Ist wirklich so. Das tun auch Ministerpräsidenten wie Christian Wulff. Tomatensuppe ist nämlich ein ManagerInnen-Elixier. Denn denen mangelt es oft an Kalium. Stress drängt in Form von Adrenalin das Kalium aus dem Blut in die Zellen. Und dann plagen einen Müdigkeit, Kopfschmerzen und Schwindel. Der Blutzucker sinkt, das Herz stolpert. Wer dann einen Teller Tomatensuppe löffelt, tankt ungeahnte Energie. Die heißt schlicht: Kalium. Und für die Nerven kommen einfach noch ein paar Blättchen Basilikum obendrauf. Und weiter geht's zur nächsten Landtagssitzung oder zur Entgegennahme des Preises als »Krawattenmann des Jahres«.

Wer Tomatensuppe löffelt, ist cleverer als die Konkurrenz.

Tomatensuppe

mit Kürbiskernen

ZUTATEN FÜR 4 PERSONEN

2 kg vollreife Tomaten
1 Bund Suppengrün
1 Zwiebel
4 Knoblauchzehen
1 Bund Basilikum
4 EL Olivenöl
1/8 l Gemüsebrühe
Salz, schwarzer Pfeffer
2 EL Kürbiskerne

ZUBEREITUNG: 30 MIN.
GARZEIT: 60 MIN.
PRO PORTION CA. 170 KCAL
4 g EW, 13 g F, 10 g KH

1 Die Tomaten abbrausen, vierteln und die Stielansätze heraus-schneiden. Das Suppengrün abbrausen, putzen oder schälen und klein schneiden. Zwiebel und Knoblauch schälen. Die Zwiebel würfeln. Den Knoblauch fein hacken. Basilikum abbrausen, trocken schütteln, zwei Drittel der Blätter grob hacken und den Rest zum Garnieren beiseitelegen.

2 Das Öl in einem breiten Topf erhitzen, Zwiebel, Knoblauch und Suppengrün darin andünsten. Tomaten und gehacktes Basilikum dazugeben, Brühe angießen und langsam aufkochen lassen, sal-zen und pfeffern. Nach dem ersten Aufwallen die Hitze reduzieren und die Suppe zugedeckt bei kleiner Hitze 1 Std. köcheln lassen.

3 Inzwischen die Kürbiskerne in einer beschichteten Pfanne ohne Fett anrösten. Die Kürbiskerne vom Herd nehmen und abkühlen lassen.

4 Die Tomatensuppe durch ein Sieb passieren, noch mal mit Salz und Pfeffer abschmecken. Auf Suppentellern anrichten, mit Kürbis-kernen und den übrigen Basilikumblättern bestreuen.

TUNING-TIPP

Wer mag, kann die Suppe zum Schluss mit einem Schuss Sahne verfeinern. Wenn sie sättigen soll, einfach eine Tasse gekochten Reis oder Nudeln darin aufwärmen.

VORRATS-TIPP

Die Suppe kann auch aus Dosen zubereitet werden – nehmen Sie dann 2 Dosen geschälte Tomaten samt Saft (à ca. 800 g Inhalt).

Kluge Manager sehen rot im Teller

Hier lesen Sie, warum Alpha-Typen, die Tomatensuppe essen, im Leben immer gewinnen – wenn sie sich nicht an schottische Kochrezepte halten, die da lauten: »Man erhitze Wasser und schütte es in rote Teller.«

Das Lebensretter-Ei des Columbus: Christoph Kolumbus entdeckte die Tomate bei den Azteken und brachte sie 1498 aus Südamerika mit nach Spanien. So rettete er schon früh vielen Generationen von gestressten Menschen das Leben. Viele Studien beweisen das: Wer gerne und viele Tomaten isst, kann sein Risiko, einen Herzinfarkt zu erleiden, um bis zu 50 Prozent reduzieren. Tomaten senken den Blutdruck. Das Risiko für Magen- oder Darmkrebs sinkt, bei dem, der regelmäßig Tomaten genießt, um bis zu 60 Prozent. Und Männer mindern auch noch ihr Prostatakrebs-Risiko, vor allem, wenn Kürbiskerne in der Tomatensuppe schwimmen. Die Ballaststoffe und Phytosterine der Tomate senken den Cholesterinspiegel. Ihr roter Farbstoff Lycopin vertreibt oxidativen Stress und wirkt antikanzerogen, senkt den Gehalt an oxidiertem LDL-Cholesterin im Körper, das die Blutgefäße verstopft.

Tipp: Lycopin kann vom Körper besser aufgenommen werden, wenn die Tomaten vor dem Verzehr zerkleinert und gekocht wurden.

Das Anti-Schnupfen-Elixier: Manager sind nur selten krank. Tomatensuppe hilft. Die in den roten Früchten enthaltenen Biostoffe der Pflanze (Flavonoide, Carotinoide) erhöhen die Aktivität der Abwehrzellen, zum Beispiel die Killer- und Fresszellen sowie B- und T-Lymphozyten. Wer täglich 0,33 Liter Tomatensaft trinkt (oder Suppe löffelt), vermehrt binnen zwei Wochen seine Lymphozyten, sein Interleukin 2. Das hasst das Schnupfen-Virus. Und: Bio-Ware enthält fast doppelt so viele Flavonoide wie konventionell angebautes Gemüse – 79 Prozent mehr Quercetin und 97 Prozent mehr Kampferol. Beide wirken antioxidativ, schützen vor Krebs, senken zu hohen Blutdruck.

Dosen erlaubt: Bis zur vollen Reife am Strauch gelassen, wandern die Früchte vitaminreich direkt in die Dose, während Frischware meist grün geerntet die halbe Welt umreist, bis sie geschmacklos und nährstoffarm im Regal stehen. Erhitzen beim Konservieren zerstört wesentlich weniger Vitamine als ein langer Transportweg.

Bitte Basilikum! Seine ätherischen Öle beruhigen die Nerven, lindern Migräne, Schlafstörungen, Angstzustände und Depressionen. Auf jedem Schreibtisch sollte ein Basilikumtöpfchen stehen. Zupfen, kauen, entstressen.

Hexensüppchen

sorgt magisch scharf für Frauenpower

Was brodelt in der Walpurgisnacht zum 1. Mai auf dem Hexenplatz bei Thale, eine Stadt in Sachsen-Anhalt, in dem Topf, um den die Hexen erst Rücken an Rücken tanzen, um dann auf ihren Besen, Mistgabeln, Katzen und anderen Fluggeräten gemeinsam zum Blocksberg aufzubrechen? Im Topf brodelt es feurig und scharf. Jede Menge Chili steht auf der Rezeptur und natürlich Nachtschattengewächse wie Tomaten und Paprika, dazu Hackfleisch, Zwiebeln, Knoblauch und verschiedene Kräuter wie Mistel, Johanniskraut, Stechapfel und Tollkirsche. Diese Drogen lassen wir lieber weg. Ersetzen sie durch Bärlauch, der wirkt auch magisch. Löffel für Löffel löst unser Hexensüppchen fröhliche Laune aus und gibt unglaubliche Energie – nennen wir sie Frauenpower. Um diesen Topf sollte man mit lauter Freundinnen sitzen. Und dann gemeinsam die Welt verbessern. Der Name Walpurgisnacht geht übrigens auf Walburga zurück, eine am 1. Mai heiliggesprochene Gelehrte und Äbtissin eines Nonnenklosters. Sie gilt als Schutzpatronin gegen böse Geister.

Magie steckt nicht nur in der Chilischote und im Bärlauch ...

Feuriges Hexensüppchen
mit Bärlauch

ZUTATEN FÜR 4 PERSONEN

2 Gemüsezwiebeln

4 Knoblauchzehen

4 scharfe rote Chilischoten

je 1 rote und grüne Paprikaschote

4 EL Öl

500 g mageres Rinderhackfleisch

Salz, schwarzer Pfeffer

1 EL edelsüßes Paprikapulver

1/2 EL rosenscharfes Paprikapulver

1/2 l Fleischbrühe (selbst gemacht, Rezept S. 124; oder Rinderfond aus dem Glas)

1 Dose Pizzatomaten (400 g Inhalt)

1 Dose rote Kidneybohnen (240 g Abtropfgewicht)

50 g frischer Bärlauch (oder Schnittknoblauch aus dem Asienladen)

ZUBEREITUNG: 75 MIN.
PRO PORTION CA. 490 KCAL
45 g EW, 14 g F, 46 g KH

1 Zwiebeln und Knoblauch schälen und klein würfeln. Die Chilischoten putzen, abbrausen und ebenfalls in kleine Würfel schneiden. Paprikaschoten halbieren, putzen, abbrausen und die Hälften in schmale Streifen schneiden.

2 Das Öl in einem großen Topf erhitzen. Das Hackfleisch zerpflücken und dazugeben und unter Wenden krümelig braten. Zwiebeln, Knoblauch und Chilischote dazugeben und andünsten, aber keine Farbe annehmen lassen. Die Paprikastreifen hinzufügen und kurz mitdünsten. Kräftig mit Salz, Pfeffer und beiden Sorten Paprikapulver würzen. Die Brühe angießen, die Tomaten dazugeben und unterrühren. Alles aufkochen und zugedeckt bei kleiner Hitze 45 Min. kochen lassen.

3 Inzwischen die Kidneybohnen in ein Sieb abgießen, abbrausen und gut abtropfen lassen. Bärlauch abbrausen, trocken schütteln und die harten Stängel entfernen. Die Blätter in feine Streifen schneiden. Kidneybohnen in die Suppe geben und kurz erhitzen. Das Hexensüppchen eventuell mit Salz und Pfeffer abschmecken. Mit Bärlauch bestreuen.

DAS SCHMECKT DAZU
Roggenbrötchen oder Roggenbrot

Magie roter Schoten und grünen Lauchs

Die Walpurgisfeier geht auf die Kelten und Germanen zurück, ist vom Ursprung her ein heidnisches Spektakel. Die Ureinwohner des Harzes feierten das Ende des Winters und die Hochzeit des obersten Germanengottes Wotan. Dabei wurden auch böse Geister vertrieben und unter starken Frauen Seilschaften geknüpft. Das funktioniert heute noch, am besten beim gemeinsamen Genießen …

Was braucht Frauenpower? Klar: Eiweiß – für mehr Muskeln, mehr Abwehrkräfte, mehr Nervenbotenstoffe sowie Kreativität und gute Laune. Das liefert das magere Rinderhack. Und in dem steckt auch Eisen für regen Sauerstofftransport im Körper, und damit für mehr Leistungskraft. Und Vitamin B_{12}. Das Energie-Vitamin wirkt ausgleichend auf das Nervensystem, hilft gegen Stress und Erschöpfung.

Die Magie roter Schoten: Gegen die trägen Fettpölsterchen kämpft die Chilischote an. Scharf macht schlank: Forscher in Taiwan stellten fest, dass der scharfe Wirkstoff Capsaicin die Einlagerung von Fett in die Zellen vermindert sowie den Stoffwechsel und Energieumsatz ankurbelt. Dass Capsaicin Nervenbotenstoffe des Glücks lockt, lesen Sie auf Seite 33. Und es hat eine weitere magische Wirkung: Capsaicin verstärkt die Durchblutung der Rezeptoren auf der Zunge, das schärft unseren Geschmackssinn, macht sensibel für die vielen Aromen auf dem Teller.

Die Zauberkraft der Kidneybohne: Sie liefert neben hochwertigem Eiweiß jede Menge energiespendende Mineralien, auch Phaseolin, ein kleiner Zauberstoff, der beim Abnehmen hilft. Phaseolin blockiert Enzyme, die Stärke in kleine Zuckermoleküle abbauen, die wiederum den Blutzucker schnell erhöhen. Durch Phaseolin bleibt der Blutzuckerspiegel konstant, der Körper schüttet nicht so viel Insulin aus. Das hält schlank, beugt Diabetes vor.

Bitte Bärlauch! Powerfrauen genießen im Frühjahr mit Vorliebe Bärlauch, denn Sie wissen, er wirkt anregend, antibiotisch, blutreinigend, entzündungshemmend, harntreibend, schweißtreibend, tonisierend. Der Wildknoblauch wächst im Frühjahr überall, es gibt ihn aber auch als Kulturpflanze beim Gemüsehändler. Zauberunkundige sollten ihn nicht mit Maiglöckchen oder Herbstzeitlose verwechseln. Das endet nicht gut. Die sind in der Suppe giftig. Die Blätter mit den Fingern zerreiben. Wenn's nach Knoblauch riecht, ist man auf der richtigen Spur. Die kleine Fahne kann man ruhig in Kauf nehmen – einfach gemeinsam essen.

Spinatcremesuppe

Popeyes Vermächtnis

Seit 1929 zum ersten Mal ein gewisser Seemann namens Popeye in Elzie Segars Comics auftauchte, stieg in den USA der Spinatkonsum um ein Drittel an. So steht es zumindest auf dem Popeye-Denkmal in Crystal City, Texas, der Spinatmetropole Amerikas. Der herzensgute Seemann vertilgt das grüne Gemüse dosenweise, um seine Geliebte Olivia vor ungebetenen Nebenbuhlern zu beschützen. Wer ihn kennt, weiß: Dose für Dose werden seine Unterarme dicker und schlagkräftiger. Heute weiß man: Popeyes Muskeln wachsen nicht – wie lange angenommen – durch den Topgehalt an Eisen im Spinat, das die Blutbildung anregt und Muskeln wachsen lässt. Der Wissenschaft ist Ende des 19. Jahrhunderts nämlich ein kleiner, aber verhängnisvoller Fehler unterlaufen. Gustav von Bunge analysierte Spinatpulver und fand einen Eisenwert von 35 Milligramm pro 100 Gramm. Man ging davon aus, dass es sich um frischen Spinat handelte, und übernahm den um etwa das 10-Fache höheren Wert. Frischer Spinat liefert nämlich nur 3,5 Milligramm Eisen. Warum macht Spinat dann stark? Ganz einfach: Mit Eisen plus Chlorophyll – einer unschlagbaren Kombi. Und: Mit neu entdeckten Phytoecdysteroiden, den pflanzlichen Hormonen krautiger Pflanzen.

Spinatsuppe lässt die Muskeln wachsen.

Spinatcremesuppe
mit Pistazien-Quarknockerln

ZUTATEN FÜR 4 PERSONEN

Für die Suppe:

800 g frischer Blattspinat
2 Schalotten
2 EL Öl
800 ml Hühnerfond oder -brühe
250 g Sahne
Salz, schwarzer Pfeffer
frisch geriebene Muskatnuss
2 Eigelbe
1 EL Zitronensaft

Für die Klößchen:

250 g Magerquark
2 EL Pistazienkerne
1 Eigelb
1 EL Vollkorngrieß
Salz

ZUBEREITUNG: 60 MIN.
PRO PORTION CA. 460 KCAL
28 g EW, 34 g F, 9 g KH

1 Den Spinat gründlich waschen, abtropfen lassen und verlesen, harte Stiele entfernen. Eine Handvoll Spinatblätter in sehr feine Streifen schneiden, den restlichen Spinat grob hacken. Schalotten schälen und fein würfeln.

2 Für die Klößchen den Quark in ein Mulltuch geben und gut ausdrücken. Pistazienkerne fein hacken. Quark, Pistazien, 2 EL Spinatstreifen, Eigelb, Grieß und Salz verrühren. In einem Topf Wasser mit Salz aufkochen lassen. Aus der Masse mit zwei Teelöffeln etwa 16 Nockerln formen, dabei die Löffel immer wieder in heißes Wasser tauchen. Nockerln ins kochende Wasser gleiten lassen, bei schwacher Hitze 10 Min. gar ziehen, aber nicht kochen lassen.

3 Inzwischen das Öl in einem großen Topf erhitzen, Schalotten darin glasig dünsten. Den Spinat dazugeben und zugedeckt bei mittlerer Hitze 2–3 Min. dünsten, bis er zusammengefallen ist. Fond oder Brühe und 200 g Sahne zugießen, alles aufkochen und bei mittlerer Hitze 5 Min. kochen lassen. Mit Salz, Pfeffer und Muskat würzen.

4 Die Suppe mit dem Pürierstab pürieren. Übrige Sahne und Eigelbe verquirlen. In die Suppe gießen und langsam erhitzen, aber nicht kochen lassen. Suppe mit Salz, Pfeffer und Zitronensaft abschmecken. Klößchen herausnehmen und abtropfen lassen. Suppe anrichten, die Nockerl darauf verteilen. Mit den übrigen Spinatstreifen bestreuen.

SPEED-TIPP

Den frischen Spinat durch 700 g TK-Blattspinat ersetzen und nach Packungsangabe im Topf bei mittlerer Hitze auftauen lassen.

Was Popeye wirklich stark macht

Eisen allein macht Spinat also nicht zu Popeyes Wunderdroge. Wir kennen aber Popeyes Geheimnis aus der Dose: Eisen plus Chlorophyll, plus Pflanzenhormone.

Eisen für die Muskeln: Der Körper baut Eisen in den Blutfarbstoff Hämoglobin ein. Und der transportiert Sauerstoff. Den brauchen wir für Leistung, auch Muskelleistung. Als Baustein des Muskelfarbstoffs Myoglobin hält Eisen die Muskelfunktionen aufrecht. Spinat liefert zwar nicht so viel Eisen (3,5 mg/100 g), aber mehr als ein Steak (2, 5 mg/100 g). Tierisches Eisen ist für unseren Körper besser verfügbar – 10 bis 25 Prozent dringen vom Darm ins Blut. Vom pflanzlichen Eisen schaffen es nur 3 bis 8 Prozent. Doch die Natur ist klug. Spinat liefert mit dem Eisen eine Portion Vitamin C, das die Aufnahme-Quote von pflanzlichem Eisen vervierfacht.

Chlorophyll für mehr Energie: Was helfen Muskeln, wenn sie schlapp herumhängen? Nichts. A) Sie müssen wachsen. B) Sie brauchen Sauerstoff. Und dafür sorgt das Chlorophyll aus dem Spinat, das ihn grün färbt. Durch einen chemischen Prozess, Photosynthese genannt, wandelt der Pflanzenfarbstoff Chlorophyll Kohlendioxid und Wasser mit Hilfe von Sonnenlicht in Traubenzucker und Sauerstoff um, also in die Nährstoffe, die die Pflanze zum Leben braucht. Dieser grüne Pflanzenfarbstoff ist dem roten Farbstoff des menschlichen Blutes, dem Hämoglobin, biochemisch sehr ähnlich. Und die beiden Farbstoffe ergänzen sich bestens: Chlorophyll regt die Bildung von Hämoglobin an. Somit werden vermehrt neue Blutzellen gebildet und der Sauerstofftransport verbessert – die Voraussetzung für Muskelmasse und Ausdauer.

Pflanzenhormone für mehr Muskelmasse: US-Forscher fütterten Ratten Spinatauszug, und was passierte? Pflanzenhormongedopt produzierten sie mehr Eiweiß, mehr Muskeln. Sie hatten schon nach einem Monat um 24 Prozent mehr Kraft in den Pfötchen. Wir müssten schon ein Kilo Spinat täglich essen, um diesen Effekt zu erzielen.

Noch mehr Kraft mit …

Pistazien: Sie enthalten mit 7,3 Milligramm Eisen pro 100 Gramm etwa die doppelte Menge an Eisen wie Spinat. Und sie bestehen etwa zu einem Viertel aus Eiweiß – dem Stoff, aus dem sich der Körper Muskeln bastelt.

Quark spendiert den Muskeln eine Extraportion biologisch hochwertiges Eiweiß in Form von Casein und Molkenprotein. Seine Proteine (20 Prozent) helfen, erschöpfte Muskeln zu regenerieren, zu reparieren und mehr Muskelmasse aufzubauen.

Gumbo bedeutet: Liebe im Topf. Viele Gewürze im Topf. Zeit im Topf. Fröhlichkeit und Zufriedenheit am Topf. Darum ist Gumbo keine Suppe, sondern eine Lebensart. Das Soulfood der schwarzen Südstaatler, die afrikanische Zutaten mit amerikanischem Kochstil kombinieren. Feurig, deftig, derb schmeckt Gumbo – nach Blues und Reggae, nach Lebens- freude und Überlebenskraft. Dieser Zauber ist kaum mit Worten zu beschreiben, den muss man einfach mal löffeln.

Einst kam alles in den Gumbo, was günstig war und sättigte. Schweine- füße, Hühnerflügel, erlegte Alligatoren, selbst gesammelte Muscheln und Krebse. Viel Zucker und Fett. Und natürlich Okra, die Namenspatronin, die »kingombo«, deren Samen afrikanische Sklaven mit in die Neue Welt brachten. Unsere Gumbo wartet mit der gesunden Kraft der Okras, mit Meeresfrüchten und Huhn auf.

Gumbo schmeckt nach Reggae und Lebensfreude.

Gemischter Meeresfrüchte-Gumbo
mit Okras

ZUTATEN FÜR 6 PERSONEN

100 ml + 4 EL Öl

50 g Mehl

1 kg Hähnchenteile (z. B. Ober- und
Unterschenkel, Flügel, Brust)

500 g gemischte TK-Meeresfrüchte

400 g Okraschoten (frisch
oder aus der Dose)

2 grüne Paprikaschoten

2 Stangen Staudensellerie

4 Tomaten | 2 Zwiebeln

2 Knoblauchzehen

2 Lorbeerblätter

je 2 TL getrockneter Thymian
und Oregano

1 EL edelsüßes Paprikapulver

je 1 TL Cayenne-, schwarzer
und weißer Pfeffer

1/2 TL Zimtpulver

200 g passierte Tomaten
(aus der Dose)

1 1/4 l Hühnerbrühe

800 ml Fischfond (selbst gemacht,
Rezept S. 12; oder aus dem Glas)

ZUBEREITUNG: 90 MIN.

PRO PORTION CA. 600 KCAL

146 g EW, 34 g F, 17 g KH

1 100 ml Öl in einem Topf erhitzen, Mehl darüberstäuben und rühren, bis die Mischung glatt ist. Die Einbrenne (Roux) unter Rühren bei kleiner Hitze ca. 30 Min. köcheln lassen, bis sie dunkelbraun ist. Vom Herd nehmen, den Roux in eine Schüssel füllen.

2 Inzwischen die Hähnchenteile abbrausen und trocken tupfen. Die Meeresfrüchte antauen lassen. Okraschoten abbrausen, Stielansätze abschneiden, Schoten in 1 cm breite Scheiben schneiden. Paprikaschoten halbieren, putzen, abbrausen und würfeln. Staudensellerie abbrausen, putzen und in feine Scheibchen schneiden. Tomaten abbrausen, halbieren, entkernen und würfeln. Zwiebeln und Knoblauch schälen und fein hacken.

3 4 EL Öl erhitzen, Hähnchenteile darin portionsweise bei mittlerer Hitze 5 Min. anbraten. Zwiebeln, Knoblauch, Paprikaschoten und Staudensellerie dazugeben und 3 Min. mitrösten.

4 Den Roux esslöffelweise dazugeben. Kräuter und Gewürze, Tomaten, passierte Tomaten, Brühe, Fond und Okras zufügen. Alles aufkochen und offen bei schwacher Hitze 30 Min. kochen lassen.

5 Die Hähnchenteile herausnehmen, die Haut ablösen, das Fleisch von den Knochen abtrennen und wieder in die Suppe geben. Die Meeresfrüchte dazugeben und alles bei schwacher Hitze 10 Min. ziehen lassen. Den Gumbo nach Belieben noch mit mehr Gewürzen abschmecken.

SERVIER-TIPP

Dazu eine Schüssel Reis reichen. Davon nimmt sich jeder etwas auf den Suppenteller und gibt den Gumbo darüber.

Der Seele schmeckt Gumbo

Warum macht Gumbo so zufrieden? Ganz einfach: Weil alles drin ist, was der Gaumen begehrt, was jede Körperzelle jubeln lässt.

Belohnung: Roux, also eine Kombination aus Mehl (lauter kleine Zuckerbausteine) und Fett (hier gesundes pflanzliches Öl) macht natürlich zufrieden. Es schmeckt einfach. Darum lieben wir auch Krapfen, Kaiserschmarrn, Pfannkuchen ... Im Gehirn sorgt Zucker und Fett für die Ausschüttung von Nervenbotenstoffen wie Dopamin, die unser Belohnungssystem aktivieren.

Lebensenergie: Lebensenergie entsteht im Gehirn. Dort findet man mehr antreibende Botenstoffe wie Noradrenalin oder Dopamin oder Epinephrin. Hormone und Neurotransmitter, die den Menschen wach, antriebslustig und fröhlich machen. Und diese Lebensenergie kann man essen. Mit Huhn und Meeresfrüchten, also Eiweiß. Genauer: Mit den Aminosäuren namens Tyrosin und Phenylalanin.

Wärme: Gumbo stimmt uns zufrieden, weil er uns von innen heraus wärmt. Das unterstützt auch Zimt. Bitte den teureren Ceylon-Zimt verwenden, der enthält kein gesundheitsschädliches Cumarin wie der billige Cassia-Zimt. Und natürlich wärmt auch Curry von innen, Thymian und Oregano – die ganze Vielfalt der Gewürze in diesem Topf.

Vitalstoffe für die Seele

Vitamin C brauchen wir dringend, um die Nervenbotenstoffe herzustellen, die der Seele guttun. Paprika ist ein Top-Lieferant. Und auch die anderen Gemüse liefern viel davon. Leider geht durchs Kochen einiges verloren. Doch die Flavonoide im Gemüse machen das verbliebene Vitamin C um das 30-Fache wirkungsvoller. Daher ist ein Stück Sellerie immer besser als eine Vitamin-C-Tablette.

Jod aus den Meeresfrüchten bringt die Schilddrüse auf Trab. Sie liefert mit ihren Hormonen die Grundvoraussetzung für gute Laune und Zufriedenheit: Energie.

Macht Männern Lust:

spargelcremesuppe

Haben Sie Lust auf mehr? Dann gucken Sie sich das Gemüse mal genau an – und kochen Sie IHM Spargelsuppe. Natürlich mit Muscheln. Die alten Griechen weihten den Spargel der Liebesgöttin Aphrodite. Im antiken Rom galt der Spargel als Aphrodisiakum. Der Kräuterbuchschreiber Matthiolus lobte im Mittelalter: »Spargel in die speis gethan, bringt den Männern lustige begird«. Die Siebenbürger nannten ihn »Hosendrall«. Na, was wollen Sie mehr an Beweisen? Fehlt doch nur noch einer: Probieren Sie die Suppe selbst aus!

Ein Teller Spargelsuppe bewirkt Erhebendes.

Spargelcremesuppe

mit Jakobsmuscheln

ZUTATEN FÜR 4 PERSONEN

1 l Gemüsebrühe oder -fond
750 g weißer Spargel
50 g Butter
1 TL Zucker
30 g Weizenmehl (Type 1050)
4 ausgelöste Jakobs-
muscheln (ca. 200 g)
Salz, schwarzer Pfeffer
100 g Sahne
2 Eigelbe
frisch geriebene Muskatnuss
1–2 EL Zitronensaft
etwas abgeriebene Schale
von 1 Bio-Zitrone
1/2 Bund Estragon

ZUBEREITUNG: 60 MIN.
PRO PORTION CA. 330 KCAL
17 g EW, 24 g F, 12 g KH

1 Brühe oder Fond aufkochen lassen. Den Spargel abbrausen, schälen und die holzigen Enden abschneiden. Die Schalen mit 1 TL Butter und Zucker in die Brühe geben und bei kleiner Hitze 15 Min. köcheln lassen.

2 Inzwischen den Spargel schräg in 2–3 cm kleine Stücke schneiden. Die Spargelbrühe durch ein Sieb gießen, auffangen und erneut aufkochen lassen. Spargelstücke darin in 12 Min. garen, dann herausnehmen.

3 In einem großen Topf 30 g Butter zerlassen. Das Mehl darüberstäuben und so lange rühren, bis sich die Masse gut verbunden hat und Blasen wirft. Den Spargelsud dazugießen, aufkochen und bei kleiner Hitze ca. 10 Min. kochen lassen. Zwischendurch umrühren, damit nichts anbrennt. Den Spargel hinzufügen.

4 Inzwischen die Muscheln abbrausen, trocken tupfen und waagrecht halbieren. In einer Pfanne die übrige Butter aufschäumen lassen, Muscheln darin 3–4 Min. braten, dabei einmal wenden. Mit Salz und Pfeffer würzen.

5 Die Sahne mit den Eigelben verquirlen und in die Suppe rühren, nicht mehr kochen lassen. Mit Salz, Pfeffer, Muskat, Zitronensaft und -schale abschmecken. Estragon abbrausen, trocken schütteln und die Blätter grob hacken. Die Suppe anrichten. Jakobsmuscheln sofort daraufgeben und mit Estragon bestreuen.

DAS SCHMECKT DAZU
Baguette oder Stangenweißbrot

Was hinter dem Libido-Zauber steckt

Liebe geht durch den Magen. Seit jeher benutzen Menschen auf der ganzen Welt ganz legal bestimmte Gemüse, Meeresfrüchte, Kräuter oder Gewürze, um die Sinnlichkeit zu steigern, Erotik zu wecken und das Liebesleben anzukurbeln. Wir tun alles in eine Suppe:

Spargel: Die darin enthaltenen Stoffe wirken harntreibend, entgiftend und helfen abzunehmen. Das gibt der Lust eine neue Basis. Er regt natürlich durch seine Phallusform die Fantasie an. Ayurvedische Ärzte verbessern die männliche Potenz mit zwei Teelöffeln Spargelwurzelpulver, aufgelöst in Milch und über einen Zeitraum von 20 bis 40 Tagen.

Muscheln: Ihr Reichtum an Zink und Eiweiß sorgt dafür, dass der Körper mehr Testosteron bildet. Das Sexualhormon macht Lust auf mehr. Das Jod der Meeresfrüchte hilft der Schilddrüse ihre Hormone herzustellen. Das heißt: mehr Energie. Am Schreibtisch wie im Bett.

Estragon: Seine ätherischen Öle kurbeln den Stoffwechsel und die Durchblutung an: Voraussetzung für Erhebendes.

Muskatnuss: Myristicin, Elemicin und Safrol heißen die psychoaktiven Bestandteile der Muskatnuss, die in hohen Dosen halluzinogen wirken – in der Suppen-Dosierung schenken sie einen Hauch Euphorie und enthemmen vielleicht sogar ein wenig.

Power-Snack für Ihren Champion

Als Inbegriff der Fruchtbarkeit hat das Ei natürlich auch sexuelle Wirkungen. Das Ei ist das ideale Päckchen für mehr Energie auf allen Linien. Es liefert neben vielen Mineralien wertvollstes Eiweiß, so wie es unser Körper gut verwerten kann. Und dazu fast alle lebensnotwendigen Vitamine. Lust auf Abwechslung? Mehr Potenz verschafft auch ein Drink aus Milch, Honig, Sesam- und Weizenkeimen, Mandeln und Ei. Und: Glaube versetzt Berge!

Blaubeer-suppe

Für mehr Power und ein kräftiges Herz

Wer wollte nicht in seiner Kindheit Michael aus Lönneberga sein?
Der Lausbub aus den Kinderromanen von Astrid Lindgren. Besonders,
wie er von seinen Stelzen durch ein Fenster stürzte – mitten in die Blaubeersuppe. Herrlich gesund. Fürs Herz und überhaupt. Etwas sportlicher
auf schwedischen Brettern ist man beim Vasalauf in Schweden unterwegs.
Auf der größten Skilanglaufveranstaltung Skandinaviens gibt es jedes Jahr
im März die berühmte Blaubeersuppe. Warm. Und in Finnland gilt die
Waldbeere als die Gesundheitsbeere der Nation. Die Finnen glauben
nämlich, dass Blaubeersuppe am Morgen sie für die Herausforderungen
des Tages wappnet. Was heißt glauben? Sie wissen es und genießen ...
So hat die Blaubeersuppe dazu beigetragen, dort die Herzinfarktrate um
40 Prozent zu senken.

Dunkle Beeren schützen jede Körperzelle, halten das Herz jung.

Marmorierte
Heidelbeersuppe

ZUTATEN FÜR 4 PERSONEN
625 g Heidelbeeren
125 g Rote Johannisbeeren
3/8 l trockener Rotwein
1/2 Bio-Zitrone
100 g brauner Vollrohrzucker
1/2 TL Zimtpulver
4 g Johannisbrotkernmehl (Reformhaus; mit beiliegendem Messlöffel)
200 g Dickmilch
100 g Sahne

ZUBEREITUNG: 45 MIN.
KÜHLZEIT: 2–4 STD.
PRO PORTION CA. 340 KCAL
4 g EW, 11 g F, 41 g KH

1 Die Heidel- und Johannisbeeren kurz abbrausen, auf Küchenpapier abtropfen lassen und verlesen. 50 g Beeren zum Garnieren beiseitelegen, den Rest mit dem Pürierstab fein pürieren. Nach und nach durch ein feines Sieb in einen Topf passieren.

2 Den Rotwein und 1/8 l Wasser dazugießen. Die Fruchtmasse bei starker Hitze aufkochen, dann bei mittlerer Hitze 15 Min. kochen lassen. Inzwischen die Zitronenhälfte abbrausen und trocken reiben. Die Schale fein abreiben und den Saft auspressen.

3 Zucker, Zitronensaft, Zitronenschale und Zimtpulver unter die Fruchtmasse rühren. Das Johannisbrotkernmehl einrühren und 2–3 Min. kochen lassen, bis das Püree eindickt. Vom Herd nehmen, abkühlen lassen und 2–4 Std. oder über Nacht kalt stellen.

4 Vor dem Servieren Dickmilch und Sahne verrühren. Die Suppe auf tiefe Teller verteilen und die Dickmilch darauf verteilen. Mit einem Löffelstiel spiralförmig durch die Dickmilch ziehen, sodass ein Marmormuster entsteht. Die übrigen Beeren daraufgeben.

VARIANTE
Außerhalb der Saison können Sie auch tiefgekühlte Heidelbeeren verwenden. Diese nur leicht antauen lassen und pürieren. So wird die Heidelbeersuppe wunderbar sämig.

Was hinter der Blaubeersuppe steckt

Im Grunde ist unser alltäglicher Speiseplan recht farblos. Ein Deutscher isst gerade mal 2,7 Gramm Anthozyane pro Tag – die rote Farbe der Beeren. Unsere Suppe liefert das 20-Fache. Und das hat magische Auswirkungen.

Ein gesundes, kräftiges Herz: Schon seit Jahrhunderten kennt man die Heilkraft der Heidelbeeren. Und die moderne Forschung hat Namen dafür: Sekundäre Pflanzenstoffe wie Flavonoide, Polyphenole und Anthozyane fangen zerstörerische freie Radikale im Blut ab und verhindern, dass das schlechte LDL-Cholesterin oxidiert und den Gefäßen gefährlich wird. So schützen Heidelbeeren vor Verkalkung der Gefäßwände, hohem Blutdruck, Blutgerinnseln und Herzinfarkt.

Bitte mit Farbe: US-Wissenschaftler untersuchten die Wirkung von Beerenextrakten auf die Herzkranzgefäße. Das Ergebnis: je kräftiger die Farbe, desto besser fürs Herz. Vor allem die farbenreichen Beeren entspannten die herznahen Gefäße. Farbstoffe schützen übrigens nicht nur das Herz, sondern beugen auch Grauem Star und Krebs vor und schlagen Bakterien und Viren in die Flucht.

Feuerwehr gegen Entzündungsherde: Ein Schnitt im Finger, Probleme mit dem Zahnfleisch oder eine Sportverletzung können im Körper zu chronischen Entzündungen führen. Und heute weiß man: Diese tragen entscheidend zur Entstehung von Krebs, Diabetes, Magengeschwüren, Darmerkrankungen, Alzheimer, Gelenkerkrankungen bei. Das kann man im Blut messen über den hs-CRP-Wert. Und der ist bei vielen Menschen erhöht. Viel gefährlicher als Cholesterin. Beeren helfen den Entzündungsherd löschen. Denn sie enthalten besonders effiziente Radikaljäger, also »Super-Antioxidanzien«. Sie heißen oligomere Proanthocyanidine (= OPC) oder Polyphenole – und die stecken in unserer Heidelbeersuppe.

Noch mehr Herzschutzmittel: Beeren versorgen uns mit viel Vitamin C für ein starkes Immunsystem – und somit für ein kräftiges Herz. Beeren sind kalium-, magnesium- und eisenhaltig, das ist gut für unsere Lebenspumpe. Und Heidelbeeren liefern viel Mangan, das die Bildung gefährlicher Gefäßablagerungen verhindert.

INGWER-ZITRONENSUPPE

Fatburner der Natur

In Indien sagt man: »There is no tincture without ginger«. Es gibt keine Arznei ohne Ingwer. Er hat zauberhafte Heilkräfte und verstärkt die Wirkung anderer Zutaten. Deswegen steckt Ingwer in nahezu jeder ayurvedischen Medizin. Frischer Ingwer hemmt Schmerzen, lindert Erkältungen, beugt Arteriosklerose vor, vertreibt Übelkeit, fördert die Verdauung – und regt die Thermogenese an. Heißt: Kalorien verpuffen als Wärme über die Haut. Ingwer macht schlank: Tagsüber als warmes Ingwerwasser getrunken, vor dem Essen zwei Scheibchen mit Zitronensaft beträufelt, gekaut oder in unserer sensationellen Fatburner-Suppe, die auch noch andere magische Schlankelixiere enthält. Die Zitrone, die Chilischote, die Kokosmilch, das Huhn ...

Die Natur kennt die wirkungsvollsten Schlankmacher.

INGWER-ZITRONENSUPPE
MIT HUHN

ZUTATEN FÜR 4 PERSONEN
300 g Hähnchenbrustfilet
3–4 EL Fischsauce
2 Stängel Zitronengras
1 Stück frischer Ingwer (ca. 3 cm)
4 Kaffir-Limettenblätter
(Asienladen)
1 kleine rote Chilischote
300 g ungesüßte Kokosmilch (Dose)
800 ml kräftige Hühnerbrühe
2 TL rote Currypaste (Asienregal)
1 Aubergine (ca. 300 g)
3 Frühlingszwiebeln
1–2 Bio-Limetten
1/2 Bund Koriandergrün

ZUBEREITUNG: 60 MIN.
PRO PORTION CA. 520 KCAL
38 g EW, 18 g F, 52 g KH

1 Das Hähnchenbrustfilet abbrausen, trocken tupfen und in feine Streifen schneiden. Mit 2 EL Fischsauce beträufeln und 15 Min. marinieren.

2 Inzwischen das Zitronengras putzen, nur die unteren 10 cm verwenden. Davon die äußeren Hüllblätter entfernen, das Innere in 3 cm lange Stücke schneiden. Ingwer schälen und in Scheiben schneiden. Kaffir-Limettenblätter abbrausen und in Viertel schneiden. Die Chilischote halbieren, putzen, abbrausen und in feine Streifen schneiden.

3 Kokosmilch mit der Brühe aufkochen lassen. Zitronengras, Ingwer, Kaffir-Limettenblätter, Chili und Currypaste dazugeben und alles bei mittlerer Hitze 5 Min. kochen lassen.

4 Inzwischen die Aubergine putzen, abbrausen und in 2 cm große Würfel schneiden. In den Kokossud geben und bei kleiner Hitze in 15 Min. garen. Frühlingszwiebeln waschen und putzen, dann nur das Weiße und Hellgrüne in feine Scheiben schneiden. Frühlingszwiebeln und Fleisch dazugeben und in 10 Min. garen.

5 Den Saft von 1/2 Limette auspressen. Die Suppe mit übriger Fischsauce und 1–2 EL Limettensaft abschmecken. Übrige Limetten in Scheiben schneiden. Koriandergrün abbrausen, trocken schütteln und die Blätter grob hacken. Suppe anrichten, mit jeweils 1–2 Limettenscheiben und Koriandergrün garnieren.

TIPP
Thai-Suppen werden sehr scharf serviert – nach Belieben können Sie noch mehr Currypaste einrühren.

Magische Slim-Zauberei

Die besten Schlankstoffe kommen aus der Natur – und nichts schmeckt besser als diese kochkunstvoll kombiniert zu einer Thai-Suppe.

Ingwer: Gingerol und Shogaol heißen die Wirkstoffe der frischen Knolle, die den Wärmestoffwechsel, den Kreislauf und die Verdauung anregen. Wer abnehmen will, sollte auch das mal probieren: Einen Topf mit heißem Wasser aufsetzen, ein paar Scheiben frischen Ingwer reinschneiden und zehn Minuten kochen lassen. Das Ingwerwasser in eine Thermoskanne füllen und stündlich eine Tasse trinken.

Zitronen: Sie liefern Vitamin C. Das ist für den Fettstoffwechsel unentbehrlich. Zusammen mit Niacin und Vitamin B_6 steuert es die Produktion von L-Carnitin (siehe Huhn) und kurbelt damit die Fettverbrennung im Muskel an.

Chili: Schon kleine Mengen des Scharfmachers Capsaicin erhöhen, ähnlich dem Sport, die Thermogenese im Körper um bis zu 25 Prozent.

Frühlingszwiebeln: Sie beschleunigen mit Allicin den Blutfluss und damit die Nährstoffversorgung der Zellen. Sie entwässern und kurbeln den Stoffwechsel an, verstärken also die Fettverbrennung.

Kokosmilch: Sie liefert Selen. Das Spurenelement braucht die Schilddrüse, um aktive Hormone herzustellen, sodass der Energie-Stoffwechsel reibungslos läuft. Und: Selen macht gute Laune und die hält schlank.

Zitronengras: Seine ätherischen Öle fördern die beim Abnehmen so wichtige Entgiftung über die Leber.

Huhn: Es hat ohne Haut kaum Fett und liefert viel gesundes Eiweiß. Darunter den Schlankzauber namens Carnitin. Der Eiweißstoff schleust freie Fettsäuren in die Zelle zum Verbrennen. Studien zeigen L-Carnitin verbessert die Fettverbrennung um bis zu 13 Prozent. Es baut Fett ab und Muskeln auf, wenn man dazu noch Sport treibt.

Trinken Sie grünen Tee

Japanische Forscher stellten fest, dass Catechine aus Grüntee bei Mäusen die Speicherung von Fett im Körper und in der Leber hemmen – und den Energieverbrauch steigern. Eine gemütliche Art schlank zu werden, nicht wahr?

Macht Frauen Lust:

Melonenkaltschale
verzaubert jedes Frauenherz

Der bayerische Starkoch Alfons Schuhbeck kreierte einst eine Melonen-
kaltschale und meinte dazu: »Wenn die nicht anregt, ist alles zu spät.«
Und servierte sie – so darf man sicherlich annehmen – den Damen seines
Herzens. Wo er Recht hat, hat er Recht. Funktionieren tut das Ganze erst
einmal durch überzeugende Optik. Ein Mann, der mir an heißen Tagen in
einer vollreifen Cantaloup-Melone eine so unvergleichliche Erfrischung
serviert, hat zumindest einen bewundernden Augenaufschlag verdient.
Und die prickelnden und stimulierenden Zutaten wie Champagner, Honig
und Minze tun ihr Übriges. Na ja, beim Richtigen halt.

Ein Mann, der das an einem heißen Tag serviert, verzaubert jede Frau.

Melonenkaltschale
mit Minze

ZUTATEN FÜR 4 PERSONEN
2 kleine vollreife Cantaloup-
Melonen (à 500–600 g)
2 EL Sanddornmark mit
Honig (Reformhaus)
4 EL Orangensaft
2 EL Zitronensaft
30 g flüssiger Akazienhonig
60 ml Ananassaft
100 ml trockener Champagner
(oder Prosecco)
4 Stängel Minze

ZUBEREITUNG: 30 MIN.
KÜHLZEIT: 1–2 STD.
PRO PORTION CA. 100 KCAL
1 g EW, 1 g F, 21 g KH

1 Die Melonen quer halbieren, die Kerne mit einem Löffel herausschaben und aus dem Fruchtfleisch mit einem Melonenausstecher kleine Kugeln (ca. 150 g) als Einlage ausstechen und beiseitelegen. Das restliche Fruchtfleisch (ca. 700 g) aus der Schale lösen und klein schneiden. Die Melonenhälften aufbewahren.

2 Das klein geschnittene Melonenfleisch mit dem Sanddornmark, Orangensaft, Zitronensaft, Honig und Ananassaft mit dem Pürierstab glatt pürieren. Den Champagner unterrühren.

3 Die Melonenkugeln in die Suppe geben und die Suppe abgedeckt 1–2 Std. im Kühlschrank durchziehen lassen. Die Melonenhälften ebenfalls kalt stellen.

4 Vor dem Servieren die Kaltschale in die Melonenhälften füllen. Die Minze abbrausen, trocken schütteln und die Blätter eventuell klein schneiden. Die Suppe damit bestreuen.

TIPP

Besonders dekorativ – und mit noch mehr Aphrodisiaka angereichert, wird die Suppe, wenn man die Melonenkugeln mit kleinen frischen Erdbeeren als Einlage kombiniert.

Was hinter der Melonensuppe steckt

Aphrodite, die griechische Göttin der Liebe, steht Patin für diese Suppe. Grundlage ist natürlich die Melone, der von jeher libidofördernde Kräfte nachgesagt werden. Natürlich wegen ihrer weiblichen Form, vielleicht aber auch, weil ihr Zucker schnell ins Blut schießt, für Power sorgt – erst recht mit Champagner ...

Champagner: Madame de Pompadour sagte »Erst Champagner macht aus einem Mädchen eine Frau.« Und Casanova setzte ihn natürlich bei seinen Balztänzen um die schönsten Frauen ein. Alkohol ist eines der ältesten Aphrodisiaka und steigert in geringen Mengen tatsächlich die Lust auf Sex und auch die Potenz. Übermäßig viel Alkohol bewirkt genau das Gegenteil, macht mitunter impotent.

Minze: Das scharf aromatische Kraut aus dem Mittelmeerraum nutzte man früher häufig als Aphrodisiakum. Seine stimulierenden Stoffe vertreiben trübe Stimmung, steigern mitunter die Lust.

Honig: Wissen Sie eigentlich, warum Flitterwochen auf English »honeymoon« heißen? Weil man traditionell zur Hochzeit Met, also Honigwein, trank. Honig durfte als Aphrodisiakum die erste Liebesnacht versüßen. Auch in Asien sagt man Honig einen positiven Einfluss auf die Fruchtbarkeit der Frau und die Potenz des Mannes nach. Besonders wirkungsvoll: eine Mixtur aus Honig, Pfeffer und Ingwer.

Welche Aphrodisiaka gibt's denn noch?

Zu den potenziellen Lebensmitteln zählen: Bananen, Erdbeeren, Feigen, Granatapfel, Melone, Pfirsiche, Nüsse, Artischocke, Sellerie, Spargel, Zwiebel, Knoblauch, Tomaten, Rettich, Gurke, Esskastanie, Trüffel, Muscheln, Eier und Kaviar. Und diesen Gewürzen und Kräutern sagt man lustfördernde Wirkung nach: Anis, Senf, Pfeffer, Safran, Petersilie, Kresse, Majoran, Schnittlauch, Bohnenkraut, Ingwer, Muskatnuss, Nelken, Vanille und Zimt. Übrigens: Die Nonne Hildegard von Bingen warnte vor der Wirkung mancher Gewürze, sie machen »ausgelassen, gelüstig und dumm.«

Mr. Universums Elixier:

JOGHURTSUPPE MIT LINSEN

Spannen Sie doch mal in Bodybuildermanier Ihren Bizeps an. Was sehen Sie? Ein kleines Hügelchen auf Ihrem Oberarm, das aussieht, als hätte sich eine Maus darunter versteckt. Die Römer nannten den Hügel »musculus« (lat. für »Mäuschen«). Ein Mr. Universum hat da mehr als ein Hügelchen, einen Berg. Einen richtigen Muskelberg. Und wie kriegt er den? Ganz einfach. Durch Krafttraining. Und durch Eiweiß. Muss der Mäuslein-Muskel an der Hantel gegen einen Widerstand ankämpfen, brechen Muskelfasern auf, dann eilen Satellitenzellen herbei, verschmelzen mit der Muskelfaser und schenken ihr neue Zellkerne, die in der Lage sind, den Stoff zu produzieren aus dem Bodybuilderträume sind: Muskeleiweiß. Die Muskelfasern verdicken sich, der Muskel wächst. Allerdings nur, wenn auf dem Teller, die nötigen Baustoffe liegen: Aminosäuren. Ideal für Muskelwachstum ist die Kombination Joghurt plus Linse. Das Ergebnis grenzt an Zauberei. Nein, das müssen Sie jetzt nicht glauben – probieren Sie es einfach aus.

Unsere Joghurtsuppe mit Linsen plus Krafttraining macht stark.

Kalte Joghurtsuppe
mit roten Linsen

ZUTATEN FÜR 4 PERSONEN
80 g rote Linsen
1 mittelgroße Salatgurke
2 Knoblauchzehen
1–2 rote Chilischoten
1 Zwiebel
2 EL Olivenöl
1/2 TL rosenscharfes Paprikapulver
Salz, schwarzer Pfeffer
300 g Joghurt
500 g Kefir
2 EL Zitronensaft
1/2 Bund Petersilie
Chiliflocken zum Bestreuen

ZUBEREITUNG: 30 MIN.
KÜHLZEIT: 2–3 STD.
PRO PORTION CA. 250 KCAL
13 g EW, 13 g F, 22 g KH

1 150 ml Wasser aufkochen lassen. Die Linsen verlesen, gut waschen und ins kochende Wasser einstreuen. Die Linsen bei kleiner Hitze 5 Min. kochen, dann abgießen und abtropfen lassen.

2 Inzwischen die Gurke schälen, der Länge nach halbieren und die Kerne mit einem Löffel herausschaben. Das Gurkenfleisch in kleine Würfel schneiden. Knoblauch schälen und sehr fein würfeln. Chilischoten längs aufschlitzen, putzen, abbrausen und fein würfeln. Zwiebel schälen und ebenfalls fein würfeln.

3 Das Öl in einem kleinen Topf erhitzen. Knoblauch, Chilis und Zwiebel darin 2–3 Min. andünsten, mit Paprikapulver, Salz und Pfeffer bestreuen. Vom Herd nehmen und abkühlen lassen.

4 Joghurt und Kefir mit der Hälfte der Gurkenwürfel mit dem Pürierstab fein pürieren. Mit Salz, Pfeffer und Zitronensaft würzen. Zwiebel-Chili-Mix und Linsen unterheben. Die Suppe abgedeckt 2–3 Std. in den Kühlschrank stellen.

5 Vor dem Servieren die Petersilie abbrausen, trocken schütteln und die Blätter grob hacken. Die Suppe auf tiefe Teller verteilen. Übrige Gurkenwürfel und Petersilie daraufgeben. Mit Chiliflocken bestäuben.

DAS SCHMECKT DAZU
Geröstetes Sesam-Fladenbrot

Doping der erlaubten Art

Der Mensch braucht Eiweiß, um Muskeln aufzubauen. Für viele Muskeln braucht man viel Eiweiß. Bis zu 2 Gramm pro Kilogramm Körpergewicht. Man kann für mehr Muskeln Eiweißpulver löffeln. Aber die Joghurtsuppe schmeckt besser. Und wirkt sie? Ja, das tut sie auch. Denn sie liefert alles, was der Muskel zum Wachsen braucht: Protein, L-Carnitin, CLA, Zink ...

Aminosäuren machen Muskeln: Kalium und Magnesium aus der »dicken Milch« (= »Joghurt«) halten den Muskel fit. Und wachsen lassen ihn die beiden Eiweißbausteine Isoleucin und Leucin aus Joghurt, Kefir und Linsen. Isoleucin sorgt dafür, dass die Linse, also das Eiweiß, vom Teller in den Muskel wandert – und es fördert die Ausdauer. Leucin regt die Eiweißproduktion an und damit auch das Muskelwachstum.

Wenig Fett, viel Muskeln durch CLA: Joghurt versorgt uns mit konjugierter Linolsäure (CLA). Und die baut Fett ab und Muskeln auf. Forscher fütterten Mäuse mit CLA. Das Ergebnis: Ihr Körperfettanteil sank um 60 Prozent, während die Muskelmasse um bis zu 14 Prozent anschwoll.

Muskeln = biologisch wertvolles Eiweiß plus Zink = Kefir. Sein Eiweiß hat eine besonders hohe biologische Wertigkeit. Der Körper kann Kefir effektiv nutzen, um neue Muskelmasse zu bilden. 100 Gramm Kefir liefern 370 Milligramm Zink. Das Spurenelement kurbelt die Testosteronproduktion an. Das Hormon wirkt anabol, also muskelaufbauend. Je mehr Testosteron, umso mehr Muskelmasse kann der Körper bilden.

Linsen – echte Kraftpakete: Die kleinen roten Linsen liefern 30 Prozent Eiweiß plus 40 Prozent Kohlenhydrate. Diese Kombination braucht der Muskel nach dem Sport. Kohlenhydrate locken das Hormon Insulin, das die Aufnahme der kleinen Eiweißbausteinchen in die Muskelzellen verbessert. Linsen versorgen uns mit den Aminosäuren Lysin und Methionin, Bausteine des muskelaufbauenden Proteins L-Carnitin (siehe unten). Außerdem enthalten Linsen Biostoffe, die Saponine, die als Vorstufe für das männliche Sexualhormon Testosteron dienen.

Plus Vitamin C! Zitronensaft liefert Vitamin C, das der Körper zur Herstellung von L-Carnitin braucht. Es steigert die Fettverbrennung und verhindert, dass Muskeln schwinden. Fehlt L-Carnitin, baut der Körper Muskeln ab – und zwar 30 Gramm für jedes Gramm L-Carnitin.

Schlaf schön! Mit der

Gute-Nacht-Suppe

Schlaf ist unser Lebenselixier. Jede Nacht verjüngt er 70 Billionen Körperzellen, stärkt die Abwehrkräfte, lädt die Batterien auf, aus denen wir Leistungskraft und Lebensfreude ziehen. Wir wissen: Schlafen macht klug. Und neue Studien zeigen: Schlafen macht schlank. Wer acht, ja zehn Stunden schläft, aktiviert Schlankhormone, hat kein Problem mit überflüssigen Pfunden. Und wie kommen wir am leichtesten an eine gute Mütze voll Schlaf? Sicherlich nicht à la Bond, James Bond: hochprozentig »geschüttelt und nicht gerührt«. Alkohol raubt uns Tiefschlaf. Alkohol dämpft den Thalamus, die Gehirnregion, die den Schlaf steuert. Sicher, man schläft gut ein. Aber: In geringen Mengen aktiviert Alkohol diese Region. Und baut der Körper den Drink im Schlaf nach und nach ab, erwacht irgendwann der Thalamus und mit ihm die 007's dieser Welt. Wir haben ein besseres Rezept: Zu wirklich gutem Schlaf verhilft eine magische Suppe. Mit Milch, Mandeln und Honig. Natürlich gerührt ...

Die Gute-Nacht-Suppe lockt das Sandmännchen.

Gute-Nacht-Suppe

ZUTATEN FÜR 4 PERSONEN
100 g Mandeln
1 l Milch
2 EL Weizenmehl (Type 1050)
1 Vanilleschote
2 EL Mandelblättchen
5 EL Akazien- oder Orangenhonig
2 Msp. Zimtpulver

ZUBEREITUNG: 40 MIN.
PRO PORTION CA. 390 KCAL
15 g EW, 25 g F, 27 g KH

1 Wasser aufkochen lassen. Die Mandeln damit übergießen, 1 Min. ziehen lassen und anschließend die Haut abziehen. Die Mandeln zusammen mit 1/4 l Milch in einen Mixer geben und glatt pürieren, dann das Mehl gut unterrühren.

2 Die übrige Milch in einen Topf gießen. Die Vanilleschote längs aufschlitzen und das Mark herauskratzen. Vanillemark und Vanilleschote in die Milch geben, langsam aufkochen lassen. Die Mandelmilch unter ständigem Rühren in die heiße Milch gießen und offen bei kleiner Hitze 15 Min. kochen lassen.

3 Inzwischen die Mandelblättchen in einer trockenen Pfanne ohne Fett goldbraun rösten. Vom Herd nehmen und abkühlen lassen.

4 Die Vanilleschote aus der Suppe entfernen, die Suppe vom Herd nehmen und den Honig einrühren. Die Suppe mit Zimtpulver abschmecken und heiß mit Mandelblättchen bestreut servieren.

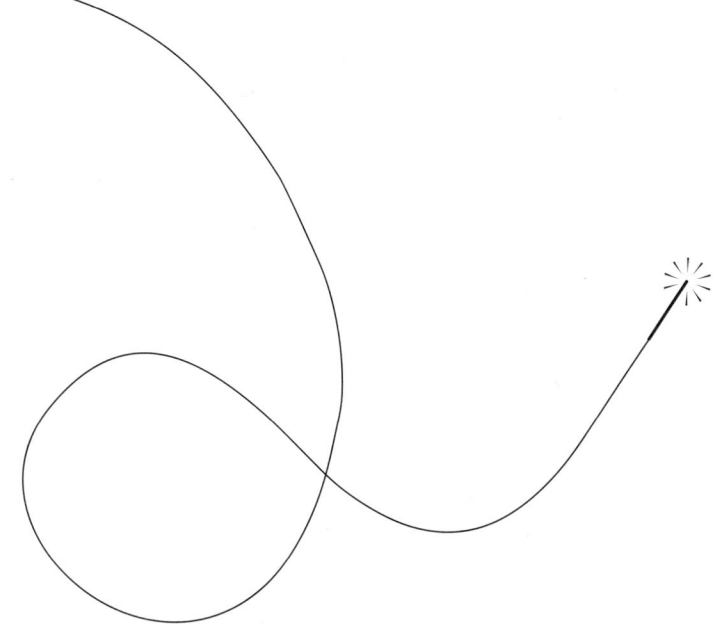

Wer spielt denn da Sandmännchen?

Oma hat Recht. Selig träumen lässt nur das Betthupferl. Es vollbringt kleine Wunder. Es lockt Hormone, die Sie wie ein Kind schlummern lassen, Sie verjüngen und schlank machen – im Schlaf.

Der Schlafcocktail: In Ihrem Gehirn wacht ein geheimnisvoller Schlafstoff, Forscher nennen ihn »Delta-Sleep-Inducing-Peptid«, kurz »DSIP«. Und dieser leitet zusammen mit den Gute-Nacht-Hormonen den Schlaf ein. Holt Sie aus Grübeln, Ärger, Herumwälzen, Frust ganz sanft in das Land der Träume. Sie müssen also nur dafür sorgen, dass Sie genug DSIP haben. P steht für Peptid, und Peptid heißt so viel wie Eiweiß. Kurz vor dem Schlafengehen: etwas Eiweiß und dazu Kohlenhydrate, also etwas Süßes. Auf diese Kombination reagiert Ihr Gehirn mit Glück, mit Frieden, mit wohltuender Ruhe. Was Fachleute DSIP nennen, heißt bei Oma heiße Milch mit Honig.

Omas Milch mit Honig empfiehlt heute auch die Wissenschaft gegen Einschlafstörungen. In der Milch steckt ein Eiweißbaustein, das Tryptophan, das im Gehirn zu Serotonin umgewandelt wird. Serotonin sorgt für psychische Ausgeglichenheit und fördert den Schlaf. Dazu liefert die Milch auch gleich das »Schlafvitamin« B_6, das im Tryptophan-Serotonin-Stoffwechsel eine wichtige Rolle spielt. Fehlt es, kann das Gehirn nicht ausreichend Serotonin bilden, man wälzt sich schlaflos im Bett. Damit viel Tryptophan für das Serotonin im Gehirn ankommt, braucht der Körper auch noch Zucker – gesunden Honig.

Das Ohne-Sorge-Mineral: Nur wer Alltagssorgen loslassen kann, findet den Weg ins Land der Träume. Und dabei helfen Mandeln. Sie liefern das Entspannungsmineral Magnesium. Magnesium entspannt die Muskulatur, vertreibt Depressionen und böse Gedanken. Dass Mandelkerne den Nerven guttun, wusste bereits Hildegard von Bingen und empfahl pro Tag fünf bis zehn Mandeln fürs Gehirn – und für eine gesunde Gesichtsfarbe.

Zauberhaft jung …

… schlafen Sie sich so ganz nebenbei. Unsere Gute-Nacht-Suppe kurbelt nämlich 30 Minuten später im ersten Tiefschlaf die Produktion des Wachstumshormons an. Das Hormon, das die Lebensuhr zurückdreht, jede Zelle verjüngt, Fett ab- und Muskeln aufbaut, die Haut strafft und Falten wegzaubert.

Rote-Beete-Suppe

reinigt das Blut, schenkt Energie

Gleich und Gleich gesellt sich gern. Das scheint ein Naturgesetz zu sein. Darum dringt die Rote Bete stante pede ins Blut – räumt dort auf und sorgt für mehr Energie. Die blutrote Wildfrucht aß man übrigens schon vor 6000 Jahren in Holland. Die Römer tauften sie dann »Beta« (altlateinisch für Rübe). Und natürlich bediente sich der griechische Medicus Hippokrates ihrer Naturkräfte. Er kochte ihren zuckerigen Saft zu süßem heilsamem Sirup ein. Eingesäuerte Rote Beten heilten laut Dioskorides (etwa 100 v. Chr.) Hautentzündungen und Infektionskrankheiten.

Dann vergaß man die Wirkung der roten Rübe. Erst im 16. Jahrhundert entdeckte sie Paracelsus neu und verschrieb sie seinen Patienten als Zaubermittel bei Blutkrankheiten und zur Steigerung der Abwehrkräfte. In Osteuropa (Drakulas Heimat) ist die Rote Bete Hauptzutat des traditionellen »Borschtsch«, dort löffelt man seit Generationen Kraftstoff fürs Blut – das können Sie gleich auch. Auf zauberhafte Art und Weise ...

Rote-Bete-Suppe lässt mehr Lebensenergie durch die Adern fließen.

Roter Powertopf *mit Rindfleisch*

ZUTATEN FÜR 4 PERSONEN
400 g mageres Gulasch vom Rind
Salz, schwarzer Pfeffer
1 EL edelsüßes Paprikapulver
1 TL rosenscharfes Paprikapulver
4 EL Rapsöl
600 g Rote Beten
1 große Möhre
1 mittelgroße weiße Rübe
1 Zwiebel
2 EL Rotweinessig
1 Lorbeerblatt
1 Stück frischer Meerrettich
(6–8 cm; oder 3–4 TL Meerrettich aus dem Glas)
1/2 Bund Petersilie
150 g saure Sahne

ZUBEREITUNG: 45 MIN.
GARZEIT: 80 MIN.
PRO PORTION CA. 305 KCAL
25 g EW, 16 g F, 15 g KH

1 Das Fleisch trocken tupfen, mit Salz, Pfeffer und beiden Sorten Paprikapulver würzen. 2 EL Öl in einem breiten Topf erhitzen, das Fleisch darin bei kleiner Hitze in 5 Min. rundherum anbraten.

2 1 1/4 l heißes Wasser zugießen und langsam aufkochen lassen. Den entstandenen Schaum mit einer Schaumkelle abschöpfen. Das Fleisch zugedeckt bei mittlerer Hitze in 1 Std. sanft garen.

3 Inzwischen die Roten Beten und Möhre putzen und schälen. Die Möhre in 1/2 cm dicke Scheiben schneiden. Die Roten Beten in 1 cm große Würfel schneiden. Weiße Rübe schälen, abbrausen und ebenfalls würfeln. Die Zwiebel schälen und hacken.

4 Das übrige Öl in einer großen Pfanne erhitzen, Zwiebel darin goldbraun braten. Rote Beten, Möhre und Rübe dazugeben und 5 Min. andünsten. Gemüse nach 1 Std. zum Fleisch geben, Essig und Lorbeerblatt einrühren. Mit Salz und Pfeffer abschmecken und alles zugedeckt bei mittlerer Hitze weitere 20 Min. kochen lassen.

5 Vor dem Servieren den Meerrettich schälen und grob reiben. Die Petersilie abbrausen, trocken schütteln und die Blätter hacken. Petersilie und Meerrettich mischen. Die Suppe auf vorgewärmte Teller verteilen, den Meerrettich-Mix darüberstreuen und mit je 1 Klecks saurer Sahne servieren.

TIPP
Tragen Sie beim Putzen der Roten Beten Einmalhandschuhe (gibt's in der Haushaltsabteilung), da sich die rote Farbe nur schwer von der Haut abwaschen lässt.

Blut-Tuning mit Genuss

99 Prozent kennen Rote Bete nur als süßsaure Scheibe aus dem Glas. In der Biokiste ist sie jedoch der Star – und daraus sollte sie auch kommen, sonst enthält sie zu viel Nitrat, Ausgangsstoff für krebserregende Nitrosamine. Ohne Nitrat hat die Knolle nicht nur in Sachen Blut-Tuning einiges zu bieten.

Sie schenkt Power: Anfang des 20. Jahrhunderts verschrieben Naturheilärzte Rote Bete gegen Schwächezustände. Nach langwierigen Krankheiten kräftigt sie spürbar. Rote Bete entsäuert den Organismus, befreit von müde machenden Schlacken. Sie beugt Krebs vor, entgiftet und wappnet das Immunsystem gegen Infekte.

Ihre Farbe hält jung und gesund: Das, was die Hände so rot färbt, nennt sich Betazyane. Diese sekundären Pflanzenstoffe aus der Familie der Flavonoide aktivieren die Zellatmung, vertreiben unerwünschte Bakterien, fangen freie Sauerstoffradikale ab, die die Körperzellen zerstören, stärken das Immunsystem und beugen Krebs vor.

Gut fürs Blut: Die Extraportion Eisen, die die roten Knollen liefern, kann der Körper gut verwerten, da sie die dafür nötigen B-Vitamine, unter anderem Folsäure, gleich mitliefern. Eine ideale Kombination, um neue rote Blutkörperchen zu basteln. Die Blutbildung wird also angeregt, die Sauerstoffversorgung im Organismus optimiert. Das macht frisch, geistig und körperlich. Und nicht zuletzt reinigen die Inhaltsstoffe der Roten Beten das Blut, festigen Gefäßwände und schützen vor Arterienverkalkung.

Idealer Partner – Rindfleisch: Im Borschtsch liefert Rindfleisch biologisch hochwertiges Eiweiß, das der Körper braucht, um neue Zellen bilden zu können – und dazu gehören auch die Blutkörperchen. Rindfleisch liefert die B-Vitamine, die bei der Blutbildung eine wichtige Rolle spielen, allen voran das B_{12}, der Baumeister für die roten Blutkörperchen. Fehlt B_{12} sind wir schrecklich müde.

Bitte mit Meerrettich! Dem Orakel von Delphi soll Meerrettich sogar sein Gewicht in Gold wert gewesen sein – so angesehen war im alten Griechenland seine Heilwirkung. Mit Vitamin C stärkt er das Immunsystem und hilft dem Körper, das Eisen aus der Roten Bete besser aufzunehmen. Zudem wirkt Meerrettich antibakteriell, beugt Krebs vor und regt den Blutkreislauf an. Apropos Blut: Sogar den Geldbeutel soll Meerrettich vor dem Ausbluten schützen. Ein alter Aberglaube besagt: Wer eine Scheibe rohen Meerrettich in den Geldbeutel legt, wird niemals Geldsorgen haben.

Minestrone mit Makrele

Irgendwann einmal sind die Fische fröhlich in den Flüssen geschwommen, Schweine, Hühner und Kühe glücklich und wild herumgelaufen, haben sich von der Natur ernährt und hatten viele Omega-3-Fettsäuren, die den Menschen glücklich machten. Dann kamen Mastbetreiber, sperrten sie zu Tausenden ein in hermetisch abgeriegelte Hochsicherheitstrakts, in denen sie mit Chemie gedopt auf engstem Raum vegetierten. Und weil die Tiere selbst so unglücklich lebten, hatten sie keine Omega-3-Fettsäuren mehr. Die dann auch nicht auf dem Teller lagen. Das machte den Menschen traurig und krank, sie litten unter Depressionen, Diabetes, rheumatischer Arthritis, Arterienverkalkung, Alzheimer, Krebs ... Schuld daran sind – das weiß die Wissenschaft heute – im Körper schwelende Entzündungen. Messbar im Blut durch den hs-CRP-Wert. Dieser ist bei vielen, vielen Menschen viel zu hoch (>1 mg/l), weil in unserem Essen kaum mehr Omega-3-Fettsäuren und Biostoffe der Pflanze stecken, die diese Entzündungen im Körper hemmen. Nun, all das, was wie ein Gesundheitszauber wirkt, haben wir in unsere Minestrone mit Makrele getan. Dahinter verbirgt sich nichts weniger als eine Weltgesundheitsformel gegen die erwähnten Zivilisationskrankheiten.

Minestrone bremst schwelende Entzündungen im Körper – lässt länger und gesünder leben.

Minestrone

mit Makrelenfilet

ZUTATEN FÜR 6 PERSONEN

200 g getrocknete weiße Bohnen
1 große Zwiebel
2 Knoblauchzehen
2 Möhren
2 Stangen Staudensellerie
1 rote Paprikaschote
250 g grüner Spargel
200 g grüne Bohnen
200 g Erbsen (frisch gepalt
oder tiefgekühlt)
250 g Blattspinat
4 EL Olivenöl
je 1 Zweig Thymian und Rosmarin
1 3/4 l Gemüse- oder Hühnerbrühe
Salz, schwarzer Pfeffer aus der Mühle
100 g Rundkornreis
2 große Fleischtomaten
(oder 1 Dose geschälte Tomaten,
400 g Abtropfgewicht)
3 Makrelenfilets (à 120 g; vom
Fischhändler filetieren lassen)
1 Bund Basilikum

ZUBEREITUNG: 75 MIN.
EINWEICHZEIT: 12 STD.
PRO PORTION CA. 415 KCAL
28 g EW, 16 g F, 40 g KH

1 Am Vorabend die weißen Bohnen in einen Topf geben, mit 1 l Wasser auffüllen und über Nacht einweichen. Am nächsten Tag die Bohnen mit so viel Einweichwasser kalt aufsetzen, dass sie vollständig bedeckt sind, eventuell noch etwas frisches Wasser dazugießen. Aufkochen lassen und bei kleiner Hitze 1–1 1/2 Std. kochen lassen, bis sie weich sind. Die Bohnen in ein Sieb abgießen, dabei die Kochflüssigkeit in einer Schüssel auffangen.

2 Zwiebel und Knoblauch schälen. Zwiebel halbieren, in Halbringe schneiden. Knoblauch fein würfeln. Möhren und Sellerie putzen, abbrausen und in Scheiben schneiden. Sellerieblätter abzupfen und beiseitelegen. Paprikaschote halbieren, putzen, abbrausen und würfeln. Spargel und grüne Bohnen abbrausen, putzen und schräg in 3–4 cm große Stücke schneiden. Frische Erbsen abbrausen und abtropfen lassen, gefrorene Erbsen antauen lassen. Spinat putzen, gründlich waschen, abtropfen lassen und grob hacken.

3 Öl in einem großen Topf erhitzen. Zwiebel und Knoblauch darin 5 Min. andünsten. Thymian, Rosmarin und Sellerieblätter zugeben, mit Brühe und Kochflüssigkeit der Bohnen aufgießen. Alle vorbereiteten Gemüsesorten – bis auf Erbsen und Spinat – hinzufügen. Die Suppe aufkochen, salzen und pfeffern und zugedeckt bei kleiner Hitze 10–15 Min. kochen lassen. Weiße Bohnen, Reis, Erbsen und Spinat dazugeben, umrühren und in 15 Min. garen.

4 Inzwischen die Tomaten überbrühen, häuten, halbieren, entkernen und grob würfeln. Makrelenfilets abbrausen, trocken tupfen und in mundgerechte Stücke schneiden. Tomaten und Fisch in die Suppe geben, 5 Min. ziehen lassen. Mit Salz und Pfeffer abschmecken, die Kräuter entfernen. Basilikum abbrausen, trocken schütteln die Blätter grob hacken. Die Suppe damit bestreuen.

Entzündungen kann man weglöffeln ...

George W. Bush verkündete vor ein paar Jahren seinen hs-CRP-Wert, um zu zeigen, dass er ein pumperlgesundes, regierungsfähiges Herz hat. Kennen Sie Ihren? Sie können ihn senken. Durch Löffeln unserer magischen anti-inflammatorischen Suppe. Minestrone heißt das Geheimnis, weshalb Mittelmeerherzen länger schlagen.

Das alles wirkt entzündungshemmend (= anti-inflammatorisch):

Omega-3-Fettsäuren (Linolensäure, EPA, DHA): Daraus baut der Körper sogenannte gute Eicosanoide, die Entzündungen hemmen. Omega-3-Fettsäuren stecken in fettem Seefisch (hier: Makrele!), Raps- und Leinöl.

Flavonoide – Biostoffe der Pflanze: Sie hindern Bakterien und Viren daran, sich zu vermehren, wirken also entzündungshemmend. Sie kommen in allen Obst- und Gemüsesorten vor. Superlieferanten finden Sie in der Suppe in Form von Zwiebeln, Tomaten, Sellerie, Paprika. Die Biostoffe namens Saponine verfügen auch über stärkende, entzündungshemmende, Eigenschaften. Hauptlieferant: Hülsenfrüchte – in unserer Suppe Erbsen, weiße und grüne Bohnen, außerdem Tomaten.

Was sagt hs-CRP? Schwelende Entzündungen im Körper machen krank. Mit dem hs-CRP-Test kann man die Gefahr aufspüren. Die Leber bildet bei Entzündungen dieses hochsensitive C-reaktive Protein. Ein niedriger Wert (< 1 mg/l) zeigt: alles okay.

Die Weltgesundheitsformel gegen Entzündungen

1. Essen Sie mehr Fisch. Von Omega-3-Fettsäuren brauchen Sie 1 Gramm pro Tag. 100 Gramm Makrele liefern 2 Gramm, Thunfisch etwa 1,5 Gramm, Lachs um die 0,75 Gramm. Eine Fischölkapsel 0,13 Gramm. Also essen Sie zwei Portionen fetten Seefisch pro Woche.

2. Weniger Omega-6-Fettsäuren: Aus Arachidonsäure und Linolsäure baut der Körper andere Eicosanoide, solche, die Entzündungen fördern. Zu viele davon machen chronisch krank. Diese Fettsäuren stecken in Innereien und rotem Fleisch, fetter Wurst, Fertigprodukten. Linolsäure ist aber auch in Pflanzenölen enthalten: Sonnenblumen-, Distel-, Maiskeim- und Weizenkeimöl. Nicht mehr als einen Esslöffel pro Tag.

3. GLYX-niedrig essen: Auch hohe Insulinspiegel im Blut provozieren die Bildung von schlechten Eicosanoiden. Zucker, Kartoffeln, Weißbrot, Bier, süße Getränke locken viel Insulin.

4. Drei Portionen Gemüse am Tag – warum nicht in einer Minestrone – bremsen mit ihren Biostoffen Entzündungen im Körper.

SHIITAKESUPPE LÖFFELND

weckt man den inneren Doktor

So richtig gut geht es einem gerade nicht. Müde und angeschlagen kämpft man sich durch den Tag. Man weiß nicht so recht, was einem fehlt. Das Immunsystem ist mit irgendwelchen Viren oder Bakterien oder Pilzen beschäftigt – hat keine Kraft übrig, Glück zu produzieren. Das tut es normalerweise! Zeit für eine Mykotherapie (von griech. mykos = Pilz), Zeit für Shiitake, Zeit für eine magische Suppe mit diesem magischen Pilz. In der Traditionellen Chinesischen Medizin ist Shiitake ein Heilmittel. Er stärkt das Qi, unsere Lebensenergie und das Immunsystem. In Japan gehört er als Blutdruck- und Cholesterinsenker zur Makrobiotik, der dort gültigen gesunden Ernährungslehre. In Asien dient die Mykotherapie nicht nur dazu, Krankheiten zu heilen, sondern auch das Gleichgewicht zwischen allen im Körper ablaufenden Prozessen wieder herzustellen. Und wie diese Medizin schmeckt, erfahren Sie auf der nächsten Seite.

Shiitakesuppe stärkt die Selbstheilungskräfte des Körpers.

SHIITAKESUPPE
mit Miso

ZUTATEN FÜR 4 PERSONEN
2 EL Sesamsamen
250 g frische Shiitakepilze
200 g weißer Rettich
1 zarte Stange Lauch (ca. 250 g)
1 Stück frischer Ingwer (ca. 1 cm)
1 1/4 l Gemüsefond oder -brühe
200 g geräucherter Tofu
2 EL rote Misopaste (siehe Info)
2 EL Mirin (japanischer Reiswein)
1/2 Bund Koriandergrün

ZUBEREITUNG: 40 MIN.
PRO PORTION CA. 140 KCAL
9 g EW, 7 g F, 11 g KH

1 Die Sesamsamen in einer trockenen Pfanne ohne Fett goldbraun rösten. Vom Herd nehmen und abkühlen lassen.

2 Inzwischen die Shiitakepilze abreiben und die Stiele entfernen. Die Pilzhüte in dünne Scheiben schneiden. Rettich putzen, schälen und in dünne, 4 cm lange Stifte schneiden. Den Lauch putzen, gründlich abbrausen und in 1/2 cm dünne Ringe schneiden. Den Ingwer schälen und reiben.

3 Fond oder Brühe in einem großen Topf aufkochen lassen. Ingwer, Rettich, Pilze und Lauch dazugeben, alles aufkochen und bei kleiner Hitze 3 Min. kochen lassen. Tofu in 1,5 cm große Würfel schneiden, dazugeben und in der Suppe 4 Min. ziehen lassen.

4 Von der Brühe 1 Schöpfkelle abnehmen, die Misopaste damit verrühren und unter die Suppe rühren. Die Suppe nicht mehr aufkochen lassen, sonst geht der Geschmack verloren. Suppe mit Mirin abschmecken. Koriandergrün abbrausen, trocken schütteln und die Blätter grob hacken. Mit Koriandergrün und Sesamsamen bestreut servieren.

INFO

Misopaste, japanische Sojabohnenpaste, ist in asiatischen Lebensmittelgeschäften oder auch im Bioladen erhältlich. Je dunkler die Paste, desto kräftiger der Geschmack. Wer nur die helle, milde Paste bekommt, gibt etwas mehr zur Suppe.

Mit Schirm, Charme & Medizin

Seit über 2000 Jahren kultivieren Japaner und Chinesen einen Pilz, der am Pasania-baum wächst. Die Japaner nennen ihn Shiitake (jap. »shii« = Pasaniabaum; »take« = Pilz), die Chinesen »xianguu«, den gut duftenden Pilz. Und welche Heilkräfte stecken unter seinem Hütchen?

Eine Mütze voller Medizin: Der braune Shiitakepilz ist wie eine kleine Natur-Apo-theke. Jede Menge Vitalstoffe, darunter Eisen, Kalium, Kalzium, B-Vitamine und Provitamin D, stärken die Selbstheilungskräfte des Körpers. Sein Polysaccharid Lentina hindert das Krebswachstum und sein Eritadenin senkt den Cholesterin-spiegel. Bereits in den 1970er-Jahren entdeckten Wissenschaftler, dass die Frucht-körperextrakte des Shiitake Mäuse gegen Grippeviren feit. Heute weiß man, wie der natürliche Viren-Hemmer funktioniert: Die Shiitake-RNS (= Ribonuclein-säure) stimuliert die Abwehrkräfte des Körpers, steigert die Interferonproduktion. Das Immun-Eiweiß Interferon verhindert, dass sich die Viren vermehren. Und auch gegen Gicht zeigt der Pilz Wirkung. Er senkt binnen zwei Wochen den Harnsäure-spiegel, wenn man ihn jeden Tag verzehrt, so eine Studie.

Scharf bringt den inneren Doktor auf Trab: Rettich stärkt nicht nur mit Vitamin C das Immunsystem. Seine scharfen, schwefelhaltigen Inhaltsstoffe wie das ätheri-sche Öl Raphanol und die Senfölglykoside bekämpfen Bakterien und Pilze, beugen Infektionen vor und schützen den Körper vor Krebs. Ein beliebtes Hausrezept ist ein schleimlösender Hustensaft aus Rettich: Vom Rettich den Kopf abschneiden und die Wurzel aushöhlen. In die Höhle Kandiszucker geben und ein paar Stunden ruhen lassen, sodass der Rettich Saft ziehen kann. Dann von der Spitze des Rettichs her ein Loch bis zum Hohlraum bohren, damit der Saft in ein Glas ablaufen kann. Über den Tag drei bis fünf Teelöffel einnehmen.

Eiweiß, Vitamin B und Zink stärken die Abwehr: Das menschliche Immunsystem besteht aus 1,5 Kilogramm Eiweiß. Aus Immunzellen wie Makrophagen, B-Zellen, T-Zellen, Lymphozyten ... Nur wer sich gut mit hochwertigem Eiweiß versorgt, stärkt seine Immunarmee gegen Bakterien, Viren, Pilze & Co. und damit seine Selbsthei-lungkräfte. Besonders wichtig sind die Eiweißbausteine Arginin, Glutamin, Cystein und Methionin, die allesamt im Tofu vertreten sind. Plus B-Vitamine, die mithelfen, die Antikörperarmee aufzustellen. Natürlich liefert er auch Zink, das eine Erkältung um einer paar Tage verkürzen kann.

Mit Hirsesuppe

so schön wie Kleopatra

Werfen wir einen Blick in unsere Kristallkugel: Wir schreiben das Jahr 48 vor Christus. Eine junge Königin steigt in ihr Bad mit Eselsmilch. Sie wird ihre Haut in seidiges Vlies verwandeln. Ihre Sklaven reichen ihr ein Tablett mit erlesenen Früchten und frisch gebackenen Hirsefladen. Frisch gebadet, mit den Schätzen der Natur gestärkt, hüllt sich die Traumfrau der Antike in ihre schönsten Gewänder. Sobald es dunkel ist, bricht sie auf, um ihr Land zu retten. In einen Teppich eingerollt lässt sie sich heimlich von ihrem treuesten Sklaven zum römischen Königspalast bringen. Der Bote tritt vor Cäsar, den römischen Feldherrn, der nach Ägypten gekommen ist, um den Streit um den ägyptischen Thron ein für alle Mal zu beenden, und entrollt vor dessen Füßen die junge Königin Kleopatra. Cäsar ist bezaubert von der Reinheit ihrer Haut, dem seidigen Glanz ihres Haares und von ihrer Bildung, von der inneren Schönheit, die Kleopatra ausstrahlt. Schönheit siegt. Und das Schönste daran: Man kann sie essen.

Hirsesuppe mit Aprikose macht jede Frau zur Schönheitskönigin.

Hirsesuppe mit Aprikosen

ZUTATEN FÜR 4 PERSONEN

500 g Aprikosen
1/2 l Multivitaminsaft (Reformhaus)
1/2 Stange Zimt
abgeriebene Schale
von 1/2 Bio-Zitrone
3 EL brauner Vollrohrzucker
150 g Hirse
60 g Rosinen
40 g Walnusskerne
1 EL Akazienhonig
1/8 l Milch (oder Sahne)
2 TL Weizenkeimöl

ZUBEREITUNG: 45 MIN.
PRO PORTION CA. 465 KCAL
8 g EW, 18 g F, 70 g KH

1 Die Aprikosen abbrausen, halbieren, entsteinen und in Spalten schneiden. Den Multivitaminsaft mit 1/2 l Wasser, Zimtstange, Zitronenschale und Zucker aufkochen lassen.

2 Inzwischen die Hirse in einem Sieb heiß abbrausen, abtropfen lassen, in den Sud einstreuen und aufkochen lassen. Von den Aprikosen einige Spalten zum Garnieren beiseitelegen, den Rest zur Hirse in den Topf geben. Rosinen dazugeben. Zugedeckt bei kleiner Hitze 20 Min. quellen lassen.

3 In der Zwischenzeit die Walnusskerne fein hacken und in einer trockenen Pfanne ohne Fett anrösten. Den Honig unterrühren.

4 Milch und Öl dazugeben und unter die Suppe rühren, nicht mehr kochen lassen. Zimtstange und Zitronenschale aus der Suppe entfernen. Die Suppe auf Tellern anrichten, mit den übrigen Aprikosenspalten und den Honig-Walnüssen bestreut servieren.

VARIANTE

Je nach saisonalem Angebot können Sie die Aprikosen auch durch Pfirsiche, Nektarinen, Papaya oder Mango ersetzen.

Schönheit aus dem Suppenteller

Die Chinesen zählen Hirse zu den fünf heiligen Pflanzen. Die kleinen Getreidekörnchen stärken Gesundheit und Geist und sind Mini-Ampullen voller Schönheitselixier. Ihre ungesättigten lebenswichtigen Fettsäuren lagern sich in die Zellwände ein, halten jede Zelle geschmeidig und jung. Im Hirsekorn steckt außerdem Vitamin E. Es schützt die Hautzellen vor dem Angriff freier Radikale, die sie zerstören, vorzeitig altern lassen. Vitamin E hält Haut und Bindegewebe elastisch und gut durchblutet. Und für noch mehr von dem Schönheits-Vitamin sorgen Walnüsse und Weizenkeimöl.

Die Hirse verwöhnt uns mit B-Vitaminen: Niacin (Vitamin B_3) hilft mit, die äußere Hornschicht der Haut aufzubauen und reguliert den Feuchtigkeitshaushalt der Haut. Pantothensäure hilft Haut und Haaren sich zu erneuern und Wunden zu flicken. Mit dem hohen Eisengehalt regt Hirse die Blutbildung an, zaubert geschmeidige Haut, glänzendes Haar und feste Nägel. Eisenmangel äußert sich in fahler Haut und viel zu vielen Haaren in der Bürste.
Das Siliciumdioxid der Hirse, auch Kieselsäure genannt, hilft mit, Kalzium in die Knochen einzulagern, lässt spröde Haare wieder seidig schimmern, stärkt Fingernägel und strafft das Bindegewebe und damit auch die Haut. Nicht zuletzt sorgt Kieselsäure auch für »innere Schönheit« – macht den Geist brillant. Französische Forscher stellten in einer Studie fest, je besser der Körper mit Kieselsäure versorgt wird, umso geringer ist das Risiko, Alzheimer zu entwickeln.

Weil's schee macht: Milch, Aprikose & Walnuss

Suppen machen schon mal per se schön, weil sie Flüssigkeit enthalten. Viel davon bunkert die Haut. Das hält sie straff und gut durchblutet. Ein Mangel zeigt sich durch die ungeliebten Fältchen. Milch spendet neben Feuchtigkeit Proteine, die Bausteine für Zellen. Für neue junge Hautzellen. Als Topkalziumlieferant ist Milch auch ein Garant für starke Zähne, kräftiges Haar und stabile Fingernägel. Mit Vitamin B_{12} unterstützt sie die Zellteilung – das tägliche Jungwerden der Haut. Genauso wie die Folsäure, die als Jungbrunnen in der Walnuss steckt.

Eine wahre Schönheitsfrucht ist die Aprikose. Sie verleiht uns eine zarte Haut. Als Vitamin-C-Lieferant stärkt sie das Bindegewebe, schützt die Hautzellen vor dem frühen Zerfall. Auch ihre Carotinoide sorgen für eine schöne und glatte Haut – und beugen Krebs vor.

mung-dal-suppe

harmonisiert unsere Bioenergien

Die ayurvedische Küche liegt im Trend. Kein Wunder, ihr Kosename lautet »Cuisine vital«. Die jahrtausendealte indische Medizin tut uns einfach gut – und bei ihr kommt Mung Dal auf den Rezeptblock, weshalb es hier in eine Suppe kommt. Die kleinen gelben Linsen verdauen wir leicht – ohne Blähungen. Mung Dal liefert hochwertiges Eiweiß, spendet Kraft und Stärke, beruhigt – und entsprechend zubereitet harmonisiert es unsere drei Doshas. Darunter versteht man Bioenergien, die alle Vorgänge im Körper regulieren: VATA ist zuständig für Bewegung, Transport und Kommunikation im Körper, also für den Kreislauf, die Atmung, das Herz. PITTA reguliert unseren Stoffwechsel, den Hunger und den Umbau der Nährstoffe. KAPHA hält alles zusammen, sorgt für Struktur und Stabilität. Diese drei Regulationskräfte arbeiten immer zusammen, in jeder Körperzelle von Kopf bis Fuß. Sie verändern sich ständig, reagieren auf Gedanken und Umwelt. Gesundheit bedeutet: ausgeglichene Doshas. Und dazu trägt die Mung-Dal-Suppe ihr Schärflein bei.

Mung-Dal-Suppe reguliert den Stoffwechsel, harmonisiert unsere Energien.

mung-dal-suppe
mit Fenchel

ZUTATEN FÜR 4 PERSONEN

150 g gelbe Mungobohnen
(geschälte, halbierte Mung Dal)
1 Fenchelknolle (ca. 250 g)
1 Stück frischer Ingwer (ca. 2 cm)
1 EL ÖL
1 TL schwarze Senfkörner
1 TL frisch gemahlener Koriander
1 TL zerstoßene Fenchelsamen
1/2 TL Kurkumapulver
frisch gemahlener schwarzer Pfeffer
1 l Gemüsebrühe
Steinsalz
1/2 Bund frische Kräuter
(z. B. Basilikum, Petersilie
oder Koriandergrün)

ZUBEREITUNG: 60 MIN.
PRO PORTION CA. 155 KCAL
11 g EW, 4 g F, 18 g KH

1 Die Mungobohnen in einem Sieb unter fließend kaltem Wasser gründlich abbrausen und abtropfen lassen. Den Fenchel abbrausen, das Grün abschneiden und beiseitelegen, die Knolle halbieren und den Strunk herausschneiden. Die Fenchelhälften in kleine Würfel schneiden. Ingwer schälen und fein hacken.

2 Das Öl in einem Topf erhitzen, die Senfkörner darin zugedeckt anrösten, bis sie poppen, dann die übrigen Gewürze, 1/2 TL Pfeffer und den Ingwer dazugeben. Mung Dal einrühren, kurz andünsten und alles bei mittlerer Hitze 1–2 Min. unter ständigem Rühren dünsten. Fenchelwürfel dazugeben und bei mittlerer Hitze 3 Min. mitdünsten.

3 Brühe und 3/8 l heißes Wasser dazugießen, gut umrühren und zugedeckt 30–40 Min. köcheln lassen, bis die geschälten Mungobohnen zerfallen und die Suppe sämig ist. Ab und zu umrühren. Mit Steinsalz und Pfeffer abschmecken.

4 Die Kräuter abbrausen, trocken schütteln, die Blätter hacken und unter die Suppe ziehen. Die Suppe mit Fenchelkraut bestreuen und sofort servieren.

INFO

Mungobohnen sind kleine, runde, grünliche Hülsenfrüchte, die wir oft als Keimlinge im Gemüseladen finden. Geschält, halbiert und gelb kommen sie als Mung Dal in den Handel und sind getrocknet im Asienladen erhältlich.

Welcher Konstitutionstyp sind Sie?

Jeder Mensch hat von Geburt an unterschiedlich ausgeprägte Doshas. Die dominierenden Doshas prägen Körper und Geist. Jeder Mensch ist eine individuelle Mischung aus VATA, PITTA und KAPHA. Finden Sie erst heraus, welcher Konstitutionstyp Sie sind – und beachten Sie dann die Suppenwürz-Tipps.

Vata-Typen haben ein geringes Gewicht, sind begeisterungsfähig, schnell im Handeln, neigen zu trockener Haut, mögen weder Kälte noch Wind, haben unregelmäßig Hunger, neigen zu Verstopfung, Kummer und Sorgen, fassen alles schnell auf und schlafen nur leicht. Zu viel Vata gleicht man durch süß, sauer und salzig aus. Für mehr Süße können Sie die Fenchelportion erhöhen. Saurer wird die Suppe mit einem Klecks Joghurt obendrauf. Ins Steinsalz-Töpfchen dürfen Sie tiefer greifen, doch reduzieren Sie scharfe, bittere und herbe Zutaten wie Ingwer, Senfsamen, Koriander, Pfeffer, Basilikum, Petersilie und Kurkuma.

Pitta-Typen haben einen mittelschweren Körperbau, oft rötliche Hautfarbe und rötliche Haare, arbeiten langsamer, sehr systematisch und organisiert. Sie mögen es nicht heiß, haben starken Hunger und verdauen gut. Sie erinnern sich präzise, sie geben gute Redner ab. Sie sind unternehmungslustig und kühn, aber leider leicht erregbar und ungeduldig. Sie mögen lieber kalte Nahrung und kühle Getränke. Zu viel Pita: Achten Sie auf süß, bitter und herb. An Kurkuma, Kardamom, Fenchelsamen und Koriander brauchen Sie nicht zu sparen. Aber bitte nicht zu scharf würzen. Ingwer, Pfeffer, Senfsamen und Kräuter gering dosieren.

Kapha-Typen verfügen über einen stabilen, schweren Körperbau, sind stark und haben viel Ausdauer. Sie arbeiten methodisch aber langsam. Die Haut ist glatt, oft fettig. Zum geringen Hunger gesellen sich eine langsame Verdauung. Die ruhige, beständige Persönlichkeit ist schwer aus der Ruhe zu bringen. Ihre langsame Auffassungsgabe macht ein gutes Langzeitgedächtnis wett. Sie schlafen tief und lange, haben häufig kräftiges dunkles Haar. Ein Überschuss an Kapha-Dosha reguliert man mit scharf, bitter, herb. Nehmen Sie ruhig ein großes Stück Ingwer, und wenn Sie Lust haben noch eine Prise Chili dazu. Auch etwas mehr Kurkuma, Koriander, Senfsamen, Pfeffer und Kräuter gleichen den Kapha-Typ aus. Dafür süße, salzige und saure Zutaten wie Fenchelknolle und Salz zurückhaltend verwenden.

GRIESSNOCKERLSUPPE

stärkt das Qi

Die Traditionelle Chinesische Medizin (TCM) verschreibt Suppen statt Medizin. In jeder chinesischen Küche brodelt ständig ein Topf auf dem Herd. Darin garen Fleisch- und Gemüsereste stundenlang. Der Garprozess wandelt die Materie in Lebensenergie um, Qi genannt. Und diese führt man dem Körper mit der Brühe zu. Für mehr Qi, für mehr innere Balance. Qi hält Körper und Geist in Bewegung, schützt uns vor äußeren widrigen Einflüssen, wandelt Nahrung in Blut um und wärmt den Körper. Besonders wichtig, um das Qi zu stärken, ist der Geschmack, die sogenannte Essenz, voll beladen mit Energie. Die Leber mag es sauer, das Herz bitter, die Lunge scharf, die Niere salzig und die Milz süß. Der TCM-Mediziner ordnet die fünf Geschmacksrichtungen den Elementen Holz (sauer), Feuer (bitter), Metall (scharf), Wasser (salzig) und Erde (süß) zu. Um einem Qi-Mangel vorzubeugen, sollten stets alle fünf Elemente auf dem Teller liegen. Denn geht einem Organ das Qi aus oder ist der Qi-Fluss blockiert, wird der Mensch krank.

Mit unserer TCM-Suppe löffeln Sie Lebensenergie.

RINDERBRÜHE MIT GRIESSNOCKEN

ZUTATEN FÜR 6 PERSONEN
750 g Rindfleisch
(Brust oder Schulter)
4 Knochen vom Rind (ca. 500 g)
4 Möhren
2 zarte Stangen Lauch
1/2 Knollensellerie
3 Stängel Liebstöckel
2 Zwiebeln
4 Knoblauchzehen
8 Wacholderbeeren
10 schwarze Pfefferkörner
5 Pimentkörner
2 Lorbeerblätter
4 EL Essig
1/4 l Milch
2 EL Butter
Salz
125 g Vollkorngrieß
3 Eier

ZUBEREITUNG: 45 MIN.
GARZEIT FÜR DIE BRÜHE:
2 1/2 STD.
PRO PORTION CA. 170 KCAL
7 g EW, 7 g F, 18 g KH

1 Fleisch und Knochen abbrausen. Gemüse abbrausen, putzen oder schälen. Je 1 Möhre und Lauchstange beiseitelegen, übriges Gemüse grob zerkleinern. Liebstöckel abbrausen. Zwiebeln und Knoblauch schälen und halbieren.

2 Fleisch und Knochen in einen großen Topf legen. Gemüse, Zwiebeln, Knoblauch, Gewürze und Kräuter dazugeben. 3 l kaltes Wasser und Essig dazugießen, langsam aufkochen lassen. Nach dem ersten Aufwallen abschäumen. Die Brühe halb zugedeckt bei kleiner Hitze 2 1/2 Std. sanft sieden lassen. Den Schaum immer wieder abschöpfen.

3 Etwa 30 Min. vor dem Ende der Garzeit übrige Möhren und Lauch in feine Streifen schneiden. Für die Grießnocken Milch mit Butter aufkochen, salzen. Den Grieß einrieseln lassen und die Masse kräftig rühren, bis sie sich als Kloß vom Topfboden löst. Den Topf vom Herd nehmen, die Eier einzeln unterrühren. Die Masse kurz ruhen lassen, dann mit zwei feuchten Teelöffeln Nocken abstechen.

4 Die Brühe durch ein Sieb gießen. Gemüse wegwerfen, Fleisch anderweitig verwenden. Die Brühe erneut aufkochen lassen, 1 EL Salz, übrige Gemüsestreifen und Grießnocken dazugeben und bei mittlerer Hitze in 4–5 Min. garen.

TIPP

Das Fleisch würfeln und mit dem Gemüse in die Suppe geben.

VORRATS-TIPP

Brauchen Sie weniger? Dann füllen Sie die übrige Brühe in einen Portionsbehälter (1/2 l) und frieren Sie sie ein. Im Gefrierfach kann sie bis zu 3 Monaten aufbewahrt werden.

Fünf Elemente stärken das Qi

Auch eine Nicht-Asien-Suppe kann ganz im Sinne der TCM sein. Wie unsere Grieß-nockerlsuppe. Sie enthält alle fünf Elemente und hat in 2 1/2 Stunden viel Zeit, beste Zutaten in Qi umzuwandeln.

Das Element Erde spielt die Hauptrolle in der TCM-Ernährung. Denn Erd-Zutaten harmonisieren Milz und Magen, die für die Verteilung des Qi an die unterschiedlichen Organe zuständig sind. Dafür brauchen sie selbst auch Energie. Butter, Rindfleisch, Möhren und Grieß stärken das Qi und regen die Verdauung an. Vor allem Getreide (Grieß) spielt in der TCM eine wichtige Rolle. Man kombiniert es mit Hülsenfrüchten. Klug: Weil dadurch die biologische Wertigkeit des Eiweißes steigt. Gekochtes Getreide ist leicht verdaulich, entgiftet und beruhigt. Zum Element Erde zählen: Getreide, die meisten Fleisch-, Obst- und Gemüsesorten.

Metall lässt das Qi im Blut besser kreisen und stärkt das Abwehr-Qi, das den Körper gegen böse äußere Einflüsse wappnet. Gewürze wie Pfeffer, aber auch Gemüse wie Zwiebeln und Lauch oder Liebstöckel ordnet der TCMler dem Element Metall zu. Weitere Vertreter des Elementes: Chilischoten, Muskat, Knoblauch, Rettich, Kohlrabi, Kresse, Pfefferminze, Rucola.

Salz zählt zum Element **Wasser.** Salziges wirkt schleimlösend, stärkt die Niere und entwässert. Doch zu viel Salz, bewirkt das Gegenteil. Denn stark mit Speisesalz Gewürztes bindet das Wasser im Körper. Weitere Wasser-Zutaten: Algen, Fisch, Schweinefleisch, Mineralwasser, fermentierte Nahrungsmittel (zum Beispiel Miso) und Hülsenfrüchte wegen ihrer Nierenform und ihrer entwässernden Wirkung.

Saures zieht einem im Mund alles zusammen. Das beschreibt die Wirkung des Elements **Holz.** Was sauer schmeckt, gleicht aus, was sehr stark nach außen gerichtet ist. Der Essig in der Rinderkraftbrühe hemmt beispielsweise starkes Schwitzen. Weitere Holzzutaten: Viele Früchte, Tomaten, saure Milchprodukte wie Joghurt, Dickmilch oder Quark.

Das Element Feuer vertritt alles, was **bitter** schmeckt. Die Bitterstoffe aus Wacholderbeeren regen die Verdauungssäfte aus Leber und Galle an. Außerdem wirkt das Element Feuer entwässernd und lindert Ödeme. Weitere Vertreter aus der Kategorie Feuer: Radicchio, Endiviensalat, Löwenzahn, Rosmarin, Thymian, Kaffee, schwarzer Tee, grüner Tee, Rotwein und Pils.

Russische Salzgurkensuppe

vertreibt den Kater

In Russland trinkt man Wodka. Viel Wodka. Und der macht einen dusseligen Kopf und vor allem, wenn er billig ist (viele Fuselalkohole!) einen ganz schönen Kater. Nix für Agenten auf geheimer Mission. Darum entwickelte der sowjetische Geheimdienst KGB in den 90er-Jahren die Pille RU-21, die den Agenten erlauben sollte, klar im Kopf zu bleiben, während der Kontrahent sich unter den Tisch säuft. Zusatzgarantie: keinen Kater. Typisch Mensch: erst die Pulle, dann die Pille. Na, ja. Es gibt auch noch andere Möglichkeiten, den Kopf wieder klar zu bekommen, wenn man denn mal ein bisschen zu tief ins Glas geguckt hat. Mit einem magischen Rezept aus Russland beispielsweise. Blättern Sie einfach um und kochen Sie es nach.

Wer Russische Salzgurkensuppe isst, braucht keine RU-21-Chemie.

Russische Salzgurkensuppe

ZUTATEN FÜR 6 PERSONEN

600 g Kalbsschulter mit Knochen
2 Lorbeerblätter
10 schwarze Pfefferkörner
60 g Graupen
2 Zwiebeln
2 große Möhren
4 Salzgurken (ca. 500 g)
+ 3–5 EL Salzgurkensaft
(oder Sauerkrautsaft)
4 Kartoffeln
2 EL Öl
100 g Sauerampfer (oder Blattspinat)
1/2 Bund Dill
Salz, schwarzer Pfeffer
4 EL saure Sahne

ZUBEREITUNG: 60 MIN.
GARZEIT: 60 MIN.
PRO PORTION CA. 230 KCAL
23 g EW, 5 g F, 21 g KH

1 Das Fleisch abbrausen, mit 1 1/2 l kaltem Wasser aufkochen lassen. Lorbeerblätter und Pfefferkörner dazugeben. Den Schaum abschöpfen. Das Fleisch halb zugedeckt bei kleiner Hitze 1 Std. köcheln lassen, bis es weich ist. Graupen abbrausen, in 200 ml Wasser aufkochen lassen und bei kleiner Hitze in 40 Min. garen.

2 Inzwischen die Zwiebeln schälen und würfeln. Möhren putzen, schälen und mit den Salzgurken in kleine Würfel schneiden. Kartoffeln schälen, abbrausen und in etwas größere Würfel schneiden.

3 Das Fleisch aus der Brühe nehmen, diese durch ein Sieb gießen und auffangen. Die Graupen abgießen und abtropfen lassen.

4 Das Öl in einem Topf erhitzen, Zwiebeln und Möhren darin andünsten. Die Kalbfleischbrühe dazugießen und langsam aufkochen lassen. Gurken und Kartoffeln dazugeben und bei mittlerer Hitze in 20–25 Min. garen.

5 Inzwischen das Kalbfleisch würfeln. Den Sauerampfer verlesen, abbrausen, die harten Stängel abknipsen, die Blätter fein hacken. Den Dill abbrausen, trocken schütteln und die Dillspitzen hacken.

6 Fleisch, Graupen und Sauerampfer in die Suppe geben, kurz darin ziehen lassen. Salzen, pfeffern, den Gurkensaft dazugeben. Die Suppe mit je 1 EL saurer Sahne anrichten, mit Dill bestreuen.

DAS SCHMECKT DAZU
Roggen-Sauerteigbrot

Wie wird man einen Kater wieder los?

Wie entsteht eigentlich ein Kater? Alkohol entzieht dem Körper Wasser (= Dehydratation), entzieht dem Blut schnell wertvolle Mineralien (= Dysequilibrium), zudem rauben giftige Abbauprodukte des Alkohols dem Gehirn Sauerstoff und aktivieren Entzündungsbotenstoffe, die Schmerzen auslösen. Das kann man alles verhindern.

1. Dem Kater vorbeugen

Vorsicht ist die Mutter der Porzellankiste: Verlassen Sie sich niemals auf Regeln wie »Wein auf Bier, das rat' ich dir« ... Trinken Sie nicht durcheinander, sondern lieber viel, viel Wasser vor oder während des Gelages – und kurz bevor Sie ins Bett gehen. Essen Sie Käse, knabbern Sie Nüsse oder etwas anderes, das viel Fett enthält. Denn das bremst die Weiterleitung in den Darm. Sprich: Die wein- und schnapsabbauende Alkoholdehydrogenase hat Zeit, den Stoff im Magen zu entschärfen, bevor er ins Blut dringt. Auch 1 Gramm Vitamin C (Ascorbinsäure-Pulver) hilft dem Kater vorzubeugen.

2. Den Kater entschärfen

Ist der Kater da, dann war's eindeutig zu viel. Okay, das nächste Mal sind Sie klüger. Und heute duschen Sie erst einmal den Nacken abwechselnd warm und kalt. Dann meiden Sie Kaffee, denn der entzieht dem Körper noch mehr Wasser. Den Kater-Killer Cystein liefert sofort der Virgin Fogcutter: 1 TL Worcestersauce, 1 Tropfen Tabasco, 1 TL Zitronensaft und ein rohes Ei. Salz und Pfeffer. Und dann kochen Sie sich einen großen Topf Russische Salzgurkensuppe. Darin stecken diese Anti-Kater-Geheimnisse:

Brühe: Alkohol raubt dem Körper Flüssigkeit. Unsere heiße Suppe gibt sie Löffel für Löffel dem ausgelaugten Körper wieder zurück.

Vitalstoffe: Mit der Flüssigkeit raubt Alkohol dem Körper die B-Vitamine, Vitamin C und die Elektrolyte Natrium, Kalium und Magnesium. Saure Mahlzeiten mit einem hohen Mineralstoffgehalt wie Matjes oder Rollmops vertreiben den Katzenjammer am schnellsten. Aber ehrlich, ich bekäme keinen Fisch runter. Und Sie? Deshalb kochen die Russen auch lieber eine saure Suppe mit sauren Gurken, Sauerampfer und mit dem Vitamin-B-Lieferanten Fleisch. Unsere Suppe liefert neben vielen Mineralien natürlich auch viel Vitamin C (Sauerampfer) und das hilft dem Körper, die im Kopf tobenden Giftstoffe abzubauen.

Als Nachspeise servieren Sie ihrem Kater einen Spaziergang: Nichts hindert ihn mehr am Bleiben als frische Luft und Bewegung.

Der Kürbis, die Farbe Gelb und der Glückstopf

Schon die alten Ägypter wussten: Gesundheit ist Glück und Glück kann man sich malen. Sie tünchten die Wände der Farbtempel – und heilten dort Menschen mit Farbe. Heute misst die Wissenschaft: Rot erhöht den Blutdruck, Grün beruhigt und senkt ihn. Gelb lockt Serotonin und Noradrenalin, stimmt uns über Hormone fröhlich – genauso wie Licht. Darum lässt die Natur im Herbst den Kürbis wachsen. Damit wir uns in der lichtarmen Zeit an seinem Gelb erfreuen. Der Kürbis kommt in den Glückstopf. Genauso wie Banane, Chili, Dattel, Huhn, Orangensaft und Ingwer. Alles Mood-Food. Zutaten des Glücks oder in der Sprache der Wissenschaft: »Nutritional Neuroscience«. Nahrungsmittel-Neurologie heißt so viel wie: Man kann mit dem Essen das Gehirn dazu bringen, Glück zu erzeugen. Das müssen Sie nicht glauben, probieren Sie es einfach aus. Und laden Sie sich Freunde an den Glückstopf ein.

So gut kann Nutritional Neuroscience schmecken: Kürbis ist eine Glückspille ohne Nebenwirkungen.

Gelber Glückstopf

mit Hähnchenspieß

ZUTATEN FÜR 4 PERSONEN

1 kg Kürbis (z. B. Muskatkürbis)
1 reife Banane
1 Zwiebel
1 Stück frischer Ingwer (ca. 2 cm)
2 rote Chilischoten
3 EL Öl
gut 2 EL scharfes Currypulver
800 ml Hühnerbrühe
200 g Hähnchenbrustfilet
4 frische Datteln
2 EL Cashewnusskerne
1/2 Bund Koriandergrün
200 ml frisch gepresster Orangensaft
200 g Sahne
Salz

ZUBEREITUNG: 80 MIN.
PRO PORTION: CA. 495 KCAL
25 g EW, 28 g F, 36 g KH

1 Den Kürbis in Spalten schneiden, das weiche Innere und die Kerne mit einem Esslöffel entfernen. Die Spalten schälen, das Kürbisfleisch in ca. 1,5 cm breite Stücke schneiden. Die Banane schälen und in Scheiben schneiden. Zwiebel und Ingwer schälen und klein würfeln. Chilischoten längs halbieren, putzen, abbrausen und fein würfeln.

2 In einem großen Topf 2 EL Öl erhitzen. Zwiebel, Ingwer und Chili darin andünsten. Banane und Kürbis dazugeben, 4 Min. mitdünsten. Knapp 2 EL Currypulver darüberstäuben und kurz anschwitzen. Brühe dazugießen und alles zugedeckt bei mittlerer Hitze 30 Min. kochen lassen.

3 Inzwischen das Hähnchenfleisch waschen, trocken tupfen und in 1,5 cm große Würfel schneiden. Mit etwas Currypulver bestäuben. Datteln je einmal längs und quer halbieren. Fleisch und Dattelstücke abwechselnd auf 4 Holzspieße stecken. Cashewkerne grob hacken. Koriandergrün abbrausen, trocken schütteln und die Blätter hacken.

4 Aus der Suppe 4 EL Kürbiswürfel herausheben und beiseitestellen. Übrige Kürbissuppe mit dem Pürierstab fein pürieren, durch ein Sieb passieren und wieder in den Topf gießen. Orangensaft und Sahne einrühren, die Suppe einmal aufwallen lassen. Kürbiswürfel dazugeben und ziehen lassen.

5 Das übrige Öl in einer Pfanne erhitzen. Die Hähnchenspieße darin bei mittlerer Hitze rundherum 6–8 Min. braten, herausnehmen und salzen. Die Suppe mit je 1 Spieß anrichten, mit Koriandergrün und Cashewkernen bestreuen.

TIPP
Die gehackten Cashewnüsse in einer trockenen Pfanne ohne Fett goldbraun rösten.

Zum Glück gibt's Kürbissuppe

Glück entsteht im Gehirn – wenn Sie aus dem Glückstopf löffeln. Das Limbische System und die Formatio reticularis, ein Netz aus Nervenzellen im Stammhirn, steuern das Gefühlsleben des Menschen mit Hilfe von Botenstoffen, den Neurotransmittern. Und diese Botenstoffe kann man locken.

Lauter Glücksbringer

Kürbis: Klar, er leuchtet in den Farben des Glücks. Und nicht nur das. Er liefert Folsäure. Studien belegen, depressive Menschen haben wenig von diesem B-Vitamin im Blut. Fehlt dem Körper die Folsäure, sinkt auch die Serotoninkonzentration im Gehirn. Noch ein Glücksstoff steckt im Kürbis: Eisen. Der Körper stellt damit das Glückshormon Dopamin her.

Chili: Capsaicin, der Stoff, der die Chili so scharf macht, kitzelt im Mund die Hitze-Rezeptoren. Für den Körper bedeutet das: Schmerz. Das Gehirn schüttet körpereigene Schmerzmittel, Endorphine, aus. Sie docken an Opiatrezeptoren an, lindern den Schmerz und stimmen zudem glücklich.

Orangensaft: Vitamin C unterstützt das Enzym Dopamin-beta-Monooxygenase bei seiner Produktion von Adrenalin und Noradrenalin – Botenstoffe der guten Laune.

Cashewnusskerne: Nüsse versorgen uns mit den Vitaminen B_1, B_2 und B_6. Sie sind wichtig für die Nerven im Gehirn, für seelische Ausgeglichenheit.

Hühnchen: Der Hähnchenspieß zur Suppe liefert viel Zink. Das Spurenelement stärkt die Nerven und hebt die Stimmung.

Banane: Sie enthält Serotonin oder Norepinephrin. Die Banane gehört neben Walnüssen und Ananas zu den Glücksbringern aus der Natur.

Die Glücksformel: Eiweiß + Kohlenhydrate

Um den Gute-Laune-Boten Serotonin herstellen zu können, braucht der Körper den Eiweißbaustein Tryptophan. Toplieferanten: Geflügel, Milchprodukte, Datteln, Bananen und Nüsse. Kürbis, Bananen und Datteln sorgen dafür, dass möglichst viel Tryptophan im Gehirn ankommt. Denn sie liefern die nötigen Kohlenhydrate, die wiederum dabei helfen, dass möglichst viel Tryptophan die Blut-Hirn-Schranke passieren kann – für viel Serotonin und viel Glück.

ayurvedische

auberginensuppe

Je besser das Agni, das Verdauungsfeuer, brennt – desto gesünder, fröhlicher, wacher, fitter ist der Mensch. Das lehrt die ayurvedische Medizin Indiens seit Jahrtausenden. Wie zeigt sich ein gutes Agni? Mit zwei- bis dreimal täglich richtigem Hunger und einer geregelten Verdauung. Ein schwaches Agni schafft es nicht, alles zu verbrennen, was der Mensch so den ganzen Tag aufnimmt. Es entstehen kleine Mülldeponien mit Abfallstoffen, Schlacken, die man »Ama« nennt. Ama wiederum vertreibt den Appetit, drosselt die Verdauung, blockiert den Stoffwechsel und die Transportkanäle im Körper, hinterlässt einen weißlichen Belag auf der Zunge, macht müde und matt. Die Energie kann im Körper nicht mehr richtig fließen. Es braucht nur ein bisschen Medicus-Magie, um das Agni zu schüren: Regelmäßigkeit, morgens und abends eher leichte Mahlzeiten, Gewürze, die die Verdauung anregen und eine Balance der unterschiedlichen Geschmacksrichtungen. Wie in der Auberginensuppe. Sie vereint süße, saure, scharfe, salzige, bittere und herbe Zutaten, lässt das Agni lodern – und gibt dem Ama keine Chance.

Die ayurvedische Auberginensuppe schürt das Verdauungsfeuer.

ayurvedische auberginensuppe

ZUTATEN FÜR 4 PERSONEN

5 Fleischtomaten (ca. 1 kg)
1 Zwiebel
1 Stück frischer Ingwer (ca. 2 cm)
2 getrocknete rote Chilischoten
2 EL Ghee (Asienladen oder
Reformhaus; oder Butterschmalz)
1 TL Currypulver
1 TL Garam Masala
(indische Gewürzmischung)
1/2 TL gemahlener schwarzer Pfeffer
1/2 TL Kurkumapulver
2 Auberginen (ca. 500 g)
Steinsalz
6 EL Öl
1/2 Bund Koriandergrün

ZUBEREITUNG: 60 MIN.
PRO PORTION CA. 220 KCAL
3 g EW, 20 g F, 6 g KH

1 Die Tomaten mit kochendem Wasser übergießen, kurz ziehen lassen, dann abschrecken, häuten, vierteln und grob zerteilen. Die Zwiebel schälen und klein würfeln. Den Ingwer schälen und fein hacken. Die Chilischoten im Mörser fein zerbröseln.

2 Das Ghee in einem Topf erhitzen, die Zwiebel darin glasig dünsten. Den Ingwer dazugeben und kurz mitdünsten. Chilis, Currypulver, Garam Masala, Pfeffer und Kurkumapulver einrühren und kurz andünsten. Tomatenwürfel und 1/4 l Wasser hinzufügen, aufkochen und alles zugedeckt bei mittlerer Hitze 30 Min. kochen lassen.

3 Inzwischen die Auberginen abbrausen, putzen, längs in Viertel schneiden und in knapp 1 cm dicke Scheiben schneiden. Mit Steinsalz bestreuen und 20 Min. ziehen lassen.

4 Die Auberginenscheiben mit Küchenpapier trocken tupfen. Das Öl in einer großen Pfanne erhitzen, die Auberginenscheiben darin portionsweise in 3–4 Min. anbraten, zwischendurch einmal wenden.

5 Die Tomaten im Mixer oder mit dem Pürierstab glatt pürieren, mit Salz und Pfeffer abschmecken. Auberginen in die Suppe geben. Das Koriandergrün abbrausen, trocken schütteln und die Blätter hacken. Die Suppe damit bestreut servieren.

Die Magie der sechs Geschmacksrichtungen

Ayurveda heißt übersetzt »Wissen vom Leben«. Ein harmonisches Leben grenzt schier an Magie. Harmonie entsteht, wenn sich Gegensätze aufheben – auch im Essen oder wie hier in der Suppe durch sechs verschiedene Geschmacksrichtungen.

Ghee, die geklärte Butter aus dem Asienladen, gilt als **süß.** Der ayurvedische Arzt verschreibt Ghee, um fettlösliche Giftstoffe aus dem Körper zu leiten. Süße Lebensmittel sind nahrhaft, beruhigen, vertreiben Nervosität und Verdauungsbeschwerden. Vor allem gut für Vata- und Pitta-Typen (Seite 121). Weitere süße Vertreter: Fenchel, Möhren, Süßkartoffeln, Getreide, die meisten Fleischsorten, Eier, süßes Obst, Honig.

Saures wie die Tomaten machen in Maßen genossen, in der Ayurvedasuppe zufrieden, regen Geist, Appetit und Verdauung an. Vor allem Vata-Typen brauchen saure Zutaten. Weitere Vertreter: Rote Bete, milchsaures Gemüse, Sauerampfer, Joghurt, Buttermilch, Käse, Tofu, Grapefruit, Zitronen.

Steinsalz liefert die Geschmacksrichtung **salzig.** Salz regt den Appetit an, beruhigt, lindert Verdauungsbeschwerden und Hautentzündungen sowie Erkältungskrankheiten. Salziges gleicht Vata-Typen aus. Auch salzig: Algen, Seegras, Pickles, Wurst, Meeresfisch und Meeresfrüchte, Kapern, Sojasauce.

Ingwer, Curry, Pfeffer und Chili gelten als **scharf.** Pfeffer heizt dem Verdauungsfeuer Agni ein. Ingwer verhindert die Ansammlung von Ama im Körper und nährt das Agni. Scharfe Gewürze regen an, beleben. Sie kurbeln Geist, Kreislauf, Stoffwechsel und Darm an, lindern Erkältungen, beschleunigen die Wundheilung. Kapha-Typen brauchen viel Schärfe: Zwiebeln, Radieschen, Rettich, Sprossen, Meerrettich, Knoblauch, Petersilie.

Kurkuma (Gelbwurzel) reinigt Geist und Körper. Die Wurzel steigert die Konzentrationsfähigkeit und weckt den Verstand. Das daraus gewonnene bittere gelbe Gewürz regt Verdauung sowie Entgiftung an. **Bitter** tut Pita- und Kapha-Typen gut. Auch bitter: Artischocken, Chicorée, Spargel, Radicchio, Passionsfrucht, Kakao, Rosmarin und Estragon gelten ebenfalls als bitter.

Auberginen ordnet die ayurvedische Lehre der Geschmacksrichtung **herb** zu. Herbes ist gut für die Seele, reinigt das Blut, lindert Durchfall und Entzündungen. Und wer stark schwitzt, kann das mit herben Lebensmitteln drosseln. Herbe Lebensmittel tun Pitta- und Kapha-Typen gut. Weitere herbe Zutaten: Kürbis, Pilze, Kohl, Quitten, Wacholderbeeren, Salbei.

Wie man
Gemüsekasper
zum Suppenessen bringt

Sicher kennen Sie das Gedicht »Der Suppenkasper« von Heinrich Hoffman aus dem »Struwwelpeter«. Hat man vielen Kindern vorgelesen – als Erziehungsmaßnahme sozusagen. Hier leicht abgewandelt:

Der Gemüsekasper

Der Kaspar, der war kerngesund,
Ein dicker Bub und kugelrund,
Er hatte Backen rot und frisch,
Das Gemüse aß er hübsch bei Tisch.
Doch einmal fing er an zu schrei'n:
»Ich esse kein Gemüse! Nein!
Ich esse mein Gemüse nicht!
Nein, mein Gemüse ess' ich nicht!«
Am nächsten Tag – ja sieh nur her!
Da war er schon viel magerer.
Da fing er wieder an zu schrei'n:
»Ich esse kein Gemüse! Nein!
Ich esse mein Gemüse nicht!
Nein, mein Gemüse ess' ich nicht!«

Am dritten Tag, O weh und ach!
Wie ist der Kaspar dünn und schwach!
Doch als das Gemüse kam herein,
Gleich fing er wieder an zu schrei'n.
»Ich esse kein Gemüse! Nein!
Ich esse mein Gemüse nicht!
Nein, mein Gemüse ess' ich nicht!«
Am vierten Tage endlich gar,
Der Kaspar wie ein Fädchen war.
Er wog vielleicht ein halbes Lot –
Und am fünften Tage wär er tot ...
Doch – oh wie sonderbar –
Er aß, was da im Suppenteller war ...

Wir drohen nicht. Wir machen das anders. Wir zaubern ein bisschen. Wir zaubern eine Gemüsesuppe, zu der kein Kind mehr sagt: »Ich esse kein Gemüse. Nein! Nein, mein Gemüse ess ich nicht!«

Mit dieser Suppe trickst man Gemüsekasper aus.

Struwwelmax-Suppe

ZUTATEN FÜR 4 PERSONEN

2 mehlig kochende Kartoffeln
(ca. 250 g)
2 Möhren
1/4 Knollensellerie (ca. 150 g)
200 g Brokkoli
1 zarte Stange Lauch
1 EL Rapsöl
1 l Gemüsebrühe
2 Scheiben Vollkorntoast
2 TL Butter
100 g Joghurt
150 g Crème fraîche
1 TL Zitronensaft
Salz, schwarzer Pfeffer
frisch geriebene Muskatnuss
8 Kürbiskerne
8 schwarze Pfefferkörner
1 Bund Schnittlauch

ZUBEREITUNG: 60 MIN.
PRO PORTION CA. 320 KCAL
8 g EW, 23 g F, 20 g KH

1 Kartoffeln, Möhren und Sellerie putzen, abbrausen, schälen und würfeln. Brokkoli abbrausen, putzen und in Röschen teilen, Stiele schälen und klein schneiden. Den Lauch putzen, längs einschneiden, gründlich abbrausen und in feine Streifen schneiden.

2 Das Öl in einem großen Topf erhitzen und das Gemüse darin 3–5 Min. andünsten. Die Brühe dazugießen und langsam aufkochen lassen. Das Gemüse zugedeckt bei mittlerer Hitze in ca. 20 Min. garen.

3 Inzwischen aus dem Toastbrot mit einem Ausstecher 4 Halbmonde ausstechen, die Toastreste fein würfeln. Die Butter in einer kleinen Pfanne erhitzen, die Toastmonde und -würfelchen darin in 4–5 Min. goldbraun braten, zwischendurch wenden. Vom Herd nehmen und abkühlen lassen.

4 Den Topf mit der Suppe vom Herd nehmen und das Gemüse mit dem Pürierstab bei niedrigster Stufe pürieren. Den Topf wieder auf die abgeschaltete Herdplatte stellen. Joghurt und Crème fraîche bis auf 50 g unter das Gemüsepüree rühren, einmal aufkochen lassen. Mit Zitronensaft, Salz, Pfeffer und Muskat würzen.

5 Suppe auf vorgewärmte Teller verteilen und mit einem Gesicht verzieren: Dafür je 1 Toastmond als Mund auflegen, je 2 TL Crème fraîche als Augen daraufsetzen, diese mit je 2 Kürbiskernen als Pupillen verzieren. Je 2 schwarze Pfefferkörner als Nasenlöcher auflegen. Schnittlauch waschen, trocken schütteln, einige Halme beiseitelegen, den Rest in feine Röllchen schneiden und mit den Toastwürfeln mischen. Diese Mischung und Schnittlauchhalme als »Haare« auflegen.

Wie man es unter kleine Menschen bringt

Kinder brauchen Gemüse. Nur: Es sollte im Bauch und nicht an der Wand landen. Da hilft nur Hokuspokus. Man gebe es in eine Suppe und greife tief in die Trickkiste:

Der Zauberstab: Sieht ein Kind ein Brokkoliröschen, sagt es: »Nein Mama, Bäume ess' ich nicht.« Weder Rosenkohl »bitterer Ball«, noch Kürbis »da wohnt ein Geist drin«, noch Paprika oder Zucchini stehen auf der Liste der Lieblingsgenüsse. Das kann aber einer ganz einfach ändern: der Pürierstab.

Möhren müssen in die Suppe. Die kommen bei Kindern meistens gut an. Man kriegt sie schon, wenn man noch in den Windeln steckt. Die Kleinen mögen den süßen Geschmack und löffeln eine Extraportion Beta-Carotin für gesunde Augen, Pektine für eine gute Verdauung und Selen für ein starkes Immunsystem.

Brokkoli und Lauch sollten in die Suppe, sind aber leider grün. Schlechtes Signal. Mögen viele Kinder nicht. Und das liegt zum Teil in unseren Genen. Denn Grün bedeutet oft »bitter«. Unsere Vorfahren lernten recht schnell, dass bittere Pflanzen häufig giftig sind. Ist das »Ich-mag-kein-bitteres-grünes-Gemüse-Gen« ausgeprägt, püriert man grüne mit roten und gelben Gemüsesorten oder hilft mit etwas Tomatenmark nach. Brokkoli liefert viele Mineralstoffe wie Kalium, Kalzium, Phosphor, Eisen, Zink und Natrium sowie Carotinoide und die Vitamine B, C und E. Lauch ist reich an Vitamin K, das das Blut gut gerinnen lässt, wenn das Knie mal wieder eine Schramme hat.

Joghurt und Crème fraîche tragen zur kinderfreundlichen Farbe und Geschmacksnote bei, liefern Kalzium, das für Kinder, die noch wachsen, wichtig ist – für starke Knochen und gesunde Zähne.

Kinder essen mit allen Sinnen. Sie mögen es, wenn's im Mund knistert und knuspert: ein Suppen-Topping aus Nüssen oder Kernen weckt die Knabberlust. Bestechen kann man sie, wenn das Essen gut aussieht. Für Kinderaugen versteht sich. Ein ausgestochenes Möhrenschweinchen auf dem belegten Brot, ein Papierfähnchen auf dem Fleischpflanzerl macht Gesundes zur Kostbarkeit. Und eine Suppe löffelt man bis zum tiefen Grund des Suppen-Meeres, wenn einem ein lustiges Gesicht, ein Struwwelmax, entgegenlacht. So schwelgen Kinder im Land der Fantasie und assoziieren Positives mit dem, was auf dem Teller liegt.

Mithelfen macht hungrig: Gemüse schnippeln macht Spaß, schult die Motorik und macht Lust aufs Essen. Welcher kleine Koch würde sein eigenes Essen stehen lassen?

Rezeptregister

Impressum

© 2008 Gräfe und Unzer Verlag GmbH, München

Alle Rechte vorbehalten. Nachdruck, auch auszugsweise, sowie Verbreitung durch Film, Funk, Fernsehen und Internet, durch fotomechanische Wiedergabe, Tonträger und Datenverarbeitungssysteme jeglicher Art nur mit schriftlicher Genehmigung des Verlags.

Programmleitung: Doris Birk

Leitende Redakteurin:
Birgit Rademacker

Redaktion: Tanja Dusy

Lektorat: Maryna Zimdars, Redaktionsbüro München

Layout, Typografie und Umschlaggestaltung: independent Medien-Design, München

Herstellung: Susanne Mühldorfer

Satz: Knipping Werbung GmbH, Berg/Starnberg

Reproduktion: Longo AG, Bozen

Druck: Firmengruppe APPL, aprinta druck, Wemding

Bindung: Sellier, Freising

Bildnachweis: Wolfgang Schardt

Titelbildrezept: Pin-Pin-Suppe, Rezept Seite 20

ISBN 978-3-8338-0744-2
2. Auflage 2009

Die Autorinnen

Marion Grillparzer, Jahrgang 1961, ist Diplom-Ökotrophologin und ausgebildete Journalistin. Sie lebt in München und schreibt als freie Autorin seit vielen Jahren Gesundheitsbücher für GRÄFE UND UNZER (»Fatburner«, »GLYX«, »Salto Vitale«, »Körperwissen«). Eine Suppe hat es ihr vor Jahren schon angetan: »Die magische Kohlsuppe«. Irgendwann begann sie alles zusammenzutragen, was sonst noch an Suppen-Wundern im Kochtopf brodelt. Ob sie kochen kann? »Kochen kann Martina viel, viel besser!« Seit zehn Jahren steht ihr deshalb **Martina Kittler,** ebenfalls Ökotrophologin und bekannte Kochbuchautorin (z. B. »Familien-Kochbuch«) zur Seite, wenn es um die Praxis geht: das Entwickeln der »wirklich allerbesten Rezepte«. **Cora Wetzstein** (Ökotrophologin) ist das Küken im Bund. Auch Kochbuchautorin (Just cooking »Last Minute Plätzchen«) und seit zwei Jahren im Grillparzer-Team. Auch sie hat über die Wundersuppen ihren Zauberlöffel geschwungen.

Der Fotograf

Wolfgang Schardt kann seine Liebe für Essen und Trinken beruflich ausleben. In seinem Studio in Hamburg fotografiert er vor allem Food, Stills und Interieur für Magazine wie FEINSCHMECKER, Verlage und Werbung. Unterstützt wurde er von Anne-Katrine Weber (Foodstyling) und Miriam Geyer (Styling).

Unsere Garantie

Alle Informationen in diesem Ratgeber sind sorgfältig und gewissenhaft geprüft. Sollte dennoch einmal ein Fehler enthalten sein, schicken Sie uns das Buch mit einem entsprechenden Hinweis an unseren Leserservice zurück. Wir tauschen Ihnen den GU-Ratgeber gegen einen anderen zum gleichen oder einem ähnlichen Thema um.

Liebe Leserin, lieber Leser,

wir freuen uns, dass Sie sich für ein GU-Buch entschieden haben. Mit Ihrem Kauf setzen Sie auf die Qualität, Kompetenz und Aktualität unserer Ratgeber. Dafür sagen wir Danke! Wir wollen als führender Ratgeberverlag noch besser werden. Daher ist uns Ihre Meinung wichtig. Bitte senden Sie uns Ihre Anregungen, Ihre Kritik oder Ihr Lob zu unseren Büchern. Haben Sie Fragen oder benötigen Sie weiteren Rat zum Thema? Wir freuen uns auf Ihre Nachricht!

Wir sind für Sie da!
Montag–Donnerstag:
8.00–18.00 Uhr;
Freitag: 8.00–16.00 Uhr
Tel.: 0180 - 5 00 50 54*
Fax: 0180 - 5 01 20 54*
E-Mail:
leserservice@graefe-und-unzer.de

*(0,14 €/Min. aus dem dt. Festnetz/ Mobilfunk-preise können abweichen.)

P.S.: Wollen Sie noch mehr Aktuelles von GU wissen, dann abonnieren Sie doch unseren kostenlosen GU-Online-Newsletter und/oder unsere kostenlosen Kundenmagazine.

GRÄFE UND UNZER VERLAG
Leserservice
Postfach 86 03 13
81630 München

GRÄFE UND UNZER

Ein Unternehmen der
GANSKE VERLAGSGRUPPE